文　庫

34-009-4

# アメリカのデモクラシー

第二巻(上)

トクヴィル 著
松本礼二 訳

岩波書店

Alexis de Tocqueville

DE LA DÉMOCRATIE EN AMÉRIQUE

1840

# 目　次

## 第二部　デモクラシーがアメリカ人の感情に及ぼす影響

# 凡例

一、本書は Alexis de Tocqueville, *De la démocratie en Amérique, t. 2* (Paris: Charles Gosselin, 1840) の全訳である。原著は、著者序言も言うように、一八三五年刊行の第一巻と合わせて一体の作品をなす。本訳書『アメリカのデモクラシー』第二巻(上・下)も先に刊行された第一巻(上・下)と合わせて全体の完訳を構成するものである。訳者による解説は全体を対象として第二巻(下)に付する。

二、底本は、プレイヤード版全集第二巻、*Œuvres d'Alexis de Tocqueville, II, De la démocratie en Amérique, 2 (1840)*, Texte établi par James T. Schleifer, présenté par Jean-Claude Lamberti et annoté par James T. Schleifer (Gallimard, 1992) を基本とし、エドゥアルド・ノヤによる批判校訂本、Eduardo Nolla, *De la démocratie en Amérique, Première édition historico-critique revue et augmentée* (Paris: J. Vrin, 1990) を参照した。従来の全集本、*Œuvres, papiers et correspondances d'Alexis de Tocqueville* (Gallimard, 1951-) および *Œuvres complètes d'Alexis de Tocqueville*, publiées par Madame de Tocqueville (Michel Lévy Frères, 1864-1878) も随時参照したが、今日ではこれらのテキストに全幅の信頼をおくことはできない。

三、英訳は一九世紀のリーヴ訳の新装版を含めて、少なくとも五種類以上が流通しており、ノヤの校訂本の英訳も刊行された。訳文の確定にあたって参照したのは、*Democracy in America*, ed. by J. P. Mayer, tr. by George Lawrence (Anchor Books, Doubleday, 1966), *Democracy in America*, tr. by Harvey Mansfield and Delba Winthrop (University of Chicago Press, 2000), *Democracy in America*, tr. by Arthur Goldhammer (Library of America, 2004) の三つである。このうち、シカゴ版は訳文は別として、トクヴィルの利用した英語文献の同定において徹底しており、訳注の内容に裨益《ひえき》したところ大である。

四、英語文献のフランス語訳による引用は、原則としてトクヴィルの仏文から訳出したが、場合により、英語原典から直接訳出したところもある。ただし、英語原典とのずれや省略が大きい場合には、その旨《むね》訳注で付記し、さらに必要に応じて、英語原文からの訳文を併記した。原注および補説における引用については、これを逆にし、英語原文からの訳出を原則とした。注においては、トクヴィル自身の論理の展開というより、資料それ自体の紹介が目的であることが多いからである。

五、法律用語、制度、機関の名称の訳語は、原則として、アメリカに関しては田中英夫編『英米法辞典』、フランスについては山口俊夫編『フランス法辞典』(いずれも東京大学出版会)に従った。ただし、アメリカの county を『辞典』の採用する「県」でなく、「郡」としたように、従来の慣用に従った例もある。

六、固有名詞のカタカナ表記は、人名・地名を問わず、日本語慣用が成立している(と見られる)場合は、原音との乖離《かいり》がはなはだしくない限り、これに従った。この原則は、日本語慣用が当該名辞の外国語表記(ないし表音)に基づいている場合にも当てはまる。(例。「メヒコ」ではなく「メキシコ」と表記する。)

七、訳文の傍点は著者による強調(原文斜体)を意味するが、原文が語句あるいは文の引用を斜体で示している場合には、「　」を付した。

八、著者トクヴィルによる原注は各章ごとに注番号を付し、巻末にまとめた。他に本文を補うやや長い Note が一つあり、これは(A)と記号を付し、「補説」として原注の前においた。

九、訳注は〔　〕で示し、短いものは本文の中に挿入し、長いものは当該パラグラフのすぐ後におき、必要な場合、注記箇所に＊を付した。内容は訳者の責任だが、参照したテキストへの依拠がはっきりしている場合、プレイヤード版は(P)、ノヤ版は(N)、シカゴ大学出版部刊行の英訳については(C)の記号で典拠を明らかにした。プレイヤード版もノヤ版も、イェール大学バイネッケ図書館 The Beinecke Rare Book and Manuscript Library の所蔵する草稿類、とくに刊行テキストのもととなった最終原稿(Working Manuscript と呼ばれるもの)を縦横に利用して詳細な注をつけ、また異文を示しているが、本訳書ではこの種のテキスト校訂は必要最小限にとどめた。プレイヤード版の誤りを訂正したところが数箇所あり、いずれも当該箇所の訳注にその旨記してある。

# 序　言

アメリカ人はある社会状態を有し、それが彼らに一定の法律、一定の政治的習俗を自然に提示した。

この社会状態はまた、彼らの間に、ヨーロッパの古い貴族社会に見られぬ一群の感情と意見を生ぜしめた。その社会状態はそれまで存在していた諸関係を破壊もしくは修正し、新たな諸関係をうち立てた。市民社会の様相も政治の世界の姿に劣らず変化した。

私は五年前に刊行した著作で第一の主題をアメリカのデモクラシーに関して扱った。第二の主題が本書の対象である。この二つの部分は相補って単一の作品をなすものである。

私にとってははなはだ迷惑なある誤解について、この場で読者に注意しておかねばならない。

私があまりにさまざまな帰結を平等に帰するのを見て、読者は、私が平等を今日生じているすべての物事の唯一の原因とみなしていると結論されるかもしれない。これは私が非常に狭い見方をしていると思わせるものである。

現代には、平等と無関係な、あるいはそれに反しさえする意見、感情、本能が沢山ある。したがって、合衆国を例にとっても、その国の自然、住民の起源、最初の創設者たちの宗教、彼らがすでに身につけていた知識、以前からの習慣、これらのものがデモクラシーと無関係に人々の考え方や感じ方に影響を及ぼしたこと、今なお影響していることを容易に示し得るであろう。これとは別だが、同じように平等からはっきり区別される諸原因はヨーロッパにも見出され、そこでの出来事の多くを説明するであろう。

これらのさまざまな原因がすべて存在し、影響力をもつことを私は承認するが、私の主題はそれらについて語ることではない。私はわれわれのあらゆる傾向、あらゆる観念の理由を示そうと企てたのではない。私はただ平等がどの部分でこれらの一つ一つを修正したかを示そうと願ったのである。

私は、われわれが目撃しつつある民主革命は一つの不可抗な事実であって、これと闘うのは望ましくもなく、賢くもないという見解を固く守るものである。その私が、本書の中で、この革命が創り出した民主社会に対して厳しい言葉を向けることがあるのに、読者はおそらく驚かれるであろう。

簡単に答えれば、私は断じてデモクラシーの敵でないからこそ、これに対して率直でありたいと思ったのである。

人間は敵から真実を受け取ることは決してなく、味方が真実を告げることも滅多にない。だからこそ、私は先のように言ったのである。

私が考えたところでは、平等が人々に約束する幸福を予告しようとする人はたくさんいるであろうが、それがいかなる危険に人々をさらすか、これをあえて早くから指摘しようとするものはほとんどいないであろう。私が目を向けたのはだから主としてそうした危険であり、これをはっきりと見出したとき、臆《おく》して口を噤《つぐ》むことはしなかった。

読者が第一巻に認められたであろう不偏不党性をこの第二巻にも再確認されることを期待したい。われわれは相反する意見によって分裂しているが、その中にあって、私はそれらの意見にそれぞれ覚える共感や反感を心の中でいったん消し去ろうと努めた。もし本書の読者が、ただの一句でも、わが国を騒がせている大きな党派や、今日、この国を悩ませ、苛立たせている小さな徒党のどれかに迎合するための言を見出されたならば、どうか声を上げて私を非難していただきたい。

私が取り込もうとした主題は広大である。なぜなら、そこには世界の新しい状態が生ぜしめた感情と思想の大部分が含まれるからである。このような主題はたしかに私の力を超えており、これを扱って、自分自身満足のいく結果には至らなかった。

だが、執着した目的を私が達成し得なかったとしても、読者は少なくとも、私が成功に導きうるはずの精神をもって自分の課題を設定し、追究したという正当な評価を下されるであろう。

# 第一部　デモクラシーが合衆国における知的運動に及ぼす影響

## 第一章　アメリカ人の哲学、その方法について

文明世界で、合衆国ほど人が哲学に関心をもたぬ国はないと思う。アメリカ人は彼らに固有の哲学流派をもたず、ヨーロッパで相争っているいかなる哲学流派にもまるで関心を示さない。それらの名前さえほとんど知らない。

それにもかかわらず、合衆国のほとんどすべての住民が精神を同じように導き、同じ規則に従って頭を働かせていることはたやすく見てとれる。すなわち、彼らはその規則を定義する労こそとったことがないが、彼らすべてに共通のある哲学の方法を有するのである。

体系の精神、習慣のくびきから脱し、家の教えや階級の意見、いや、ある程度までは、国民の偏見にもとらわれない。伝統は一つの情報に過ぎぬとみなし、今ある事実は他のよりよいやり方をとるための役に立つ研究材料としか考えない。自らの手で、自分自身

の中にのみ事物の理由を求め、手段に拘泥せずに結果に向かい、形式を超えて根底に迫る。これらが、アメリカ人の哲学の方法と以下に呼ぶものの主要な特徴である。

さらに進んで、これらさまざまな特徴の中でも主要なもの、他のほとんどすべてを要約し得るような特徴を求めるならば、精神を働かす多くの場合、アメリカ人はみな自分一個の理性の働きにしか訴えないということに気づく。

アメリカはだからデカルトの教えを人が学ぶこと最も少なく、これに従うことは最も多い国の一つである。これは驚くにあたらない。

アメリカ人がデカルトの作品を全然読まないのは、社会状態が彼らを思弁的研究から遠ざけるからであり、その教えに従うのは、同じ社会状態がこれを採用する方向に自然に彼らの精神を向かわせるからである。

民主社会にみなぎる絶えざる運動の中で世代間の絆は弛緩《しかん》あるいは断絶し、誰もが簡単に祖先の考えの跡を見失い、これを気にかけなくなる。

このような社会に生きる人々が、属する階級の意見を自分の信念とすることはましてありそうにない。なぜなら、そこには階級はないも同然であり、なお存在する階級も、構成要素の変動が激しいために、集団全体が成員に本当に力を及ぼそうとしてもできないからである。

一人の人間の知性が他の人間の知性に働きかける作用について言えば、市民がほとんど同じになって誰もが親しく付き合うような国、争い難い偉大さや優越性を誰にも認めず、真理のもっとも明白で身近な源泉として絶えず自分自身の理性に立ち返る国にあっては、そのような作用は必然的に強く限定される。このとき、ある特定の人間への信頼が失われるだけでなく、およそ他人の言葉を信用しようという気がなくなる。

誰もがだから固く自分の殻に閉じこもり、そこから世の中を判断しようとする。

判断基準を自分の中にしか求めないというアメリカ人の習慣は彼らの精神をまた別の習性に導く。

彼らは実生活で出会う小さな困難をことごとく人の援《たす》けを借りずに解決しているので、そこから容易に、世界のすべては説明可能であり、知性の限界を超えるものは何もないと結論することになる。

こうして、彼らはとかく自分の理解し得ないものの存在を否定してしまう。不可思議なるものに滅多に信をおかず、超自然的なものをほとんど頑として受けつけないのはこのためである。

自分自身の目で確かめたことしか頼りにしない習慣なので、関心のある対象をはっきり見ることを好む。したがって、できる限り対象を周囲から切り離し、対象から自分を隔てているものをすべて取り除き、より近くから白日の下に見ようとする。このような精神傾向はやがて形式の無視に導き、彼らはこれを自分と真理とを隔てる無益で不便な被膜とみなすようになる。

アメリカ人にはだから彼らの哲学の方法を書物に求める必要がなかった。自分自身の中に発見したのである。ヨーロッパでかつて起こったことについても同じように言えるであろう。

これと同じ方法がヨーロッパで確立され、普及したのは、境遇が平等になり人々が似た者同士になるにつれてのことであった。

ここで少し時の鎖を手繰《たぐ》ってみよう。

一六世紀、宗教改革者たちは古くから信ぜられてきた教義のいくつかを理性の検討の下においたが、他のすべてについての議論はなおこれに許さなかった。一七世紀には、自然諸学においてベーコンが、狭義の哲学においてはデカルトが、それまで受け入れられてきた公式を廃し、伝統の支配を破り、大家の権威を覆した。

そして一八世紀の哲学者たちはこの同じ原理を一般に拡大し、各人のあらゆる信仰対象を個人の検討に委ねることを企てた。

ルター、デカルト、ヴォルテールは同一の方法を用いており、ただこれをどこまで適用するか、その広狭について主張を異《こと》にしていたに過ぎない。これは誰の目にも明らかであろう。

宗教改革者たちがあのように狭く宗教的観念の中に閉じこもったのはどうしてか。デカルトはその方法をあらゆる物事に適用しようと思えばできたのに、ある特定のことがらにしか用いようとせず、自ら判断しなければならぬのは哲学の問題だけであって、政治の問題ではないと宣言したのはなぜか。ところがこの同じ方法が、一八世紀になると突然に、デカルトとその先駆者たちが思いもよらなかったほど広く、また彼ら自身あえてそこまで広げるのを拒んだ領域にまで適用されるようになったのはどのような事情からだろうか。ついにこの時代になると、この方法は学問の場を出て社会に浸透して知性の共通基準となり、フランス人の間に一般化するや、ヨーロッパのすべての国民があるいは公然と採用し、あるいは暗黙に追随するものとなった。どのようにしてこうしたことが起こったのだろうか。

いま論じている哲学の方法は一六世紀にはじめて生まれ、一七世紀に明確に定式化することが可能となったものである。だがこの両世紀には広く共通に用いられることはあり得なかった。政治の法制と社会状態、そしてこの二つの主要原因に発する精神の習慣がそれを妨げていた。

この方法は人々が平等になり始め、類似しだした時代に見出された。そして境遇がついにほぼ同じになり、人がみなほとんど似たものになったときはじめて、一般に広がったのである。

一八世紀の哲学の方法はだから単にフランス的なものではなく、民主的なものである。これこそ、それがあれほど容易にヨーロッパ全体に受け入れられ、その様相を一変させるのに大きく貢献した理由を説明する。フランス人はその古き信仰を変え、古き習俗を改めることによって、世界を覆《くつがえ》したのでは決してない。それは彼らがはじめて、一切の古き事物を攻撃し、あらゆる新しきものへの道を開くのに役立つ一つの哲学の方法を広め、明確に打ち出したからなのである。

ところで、アメリカにおける平等はフランスに劣らず完全でそれ以上に古いが、にもかかわらず、今日フランス人の方がアメリカ人より厳格にこの方法に従い、より多くこれを用いているのはなぜだろうか。そう問われるならば、その原因の一半をなす二つの事情があり、まずこれを理解する必要があると答えよう。

イギリス系アメリカの諸社会を生んだのは宗教である。この点は片時も忘れてはならない。合衆国では、だから宗教はすべての国民的習慣と一体化し、祖国に触れて生まれるあらゆる感情と渾然《こんぜん》一体となっている。このことが宗教に格別の力を与えているのである。

この強力な理由に加えて、それに劣らぬもう一つの理由がある。アメリカでは、宗教がいわば進んで自己に限界を付し、宗教的秩序と政治的秩序がまったく明確に分かれているので、古い信仰を揺るがすことなく、容易に古い法律を変更することができたという事実である。

キリスト教はだからアメリカ人の精神に大きな支配力をもち続け、とりわけ指摘しておきたいのは、それが批判を経てはじめて採用される一個の哲理としてのみならず、議論抜きに信ぜられる宗教として行き渡っているということである。

合衆国ではキリスト教の諸宗派は限りなく多様化し、絶えず変化しているが、キリスト教そのものは逆らい難い一個の既成事実であって、攻撃しようとするものもなければ、擁護をかってでるものもない。

アメリカ人はキリスト教の主要な教義を批判なしに認めてきたので、それらの教義に由来し、淵源する道徳上の真理の大半も同じように受け容れざるを得ない。このため個人の分析作用の及ぶ範囲は狭く限られ、人間のもっとも重要な意見のいくつかはこれから免れている。

私が先に述べた事情のもう一つは次のことである。

アメリカ人は民主的な社会状態と憲法を有するが、民主革命を経験したことがない。彼らが現在住む土地にたどり着いたとき、彼らの状態は今日われわれの眼に映る彼らの姿とほとんど変わらなかった。これは重大なことである。

どんな革命も古い信仰を揺るがして権威を弱め、人々の共通の観念を曇らせるものである。あらゆる革命はだから多少とも人々を自分の中に閉じこもらせ、一人一人の精神の前にほとんど際限のない空白をおくことになる。

旧社会を構成したさまざまな階級間の闘争が長く続いた末に境遇が平等になる場合、隣人に対する羨望と憎悪と軽蔑、また自分に対する誇りと過剰な自信が人の心にいわば侵入し、しばらくの間これを占領する。このことが、平等と無関係に、人と人とを分裂させるのに強く作用し、他人の判断を信用せず、自分自身の中にのみ理知の光を求めるようにさせる。

このとき誰もが独立独歩を目指し、万事に自分なりの信念をもつことを誇りとする。人々の間にはもはや利害のつながりしかなく、思想によって結ばれていないから、人間の意見は知的な埃《ほこり》のごときものしか形成せず、それはどこへでも漂い、一つにまとまって定着することがない。

したがって、平等が確立しだしたその瞬間、またそれを根づかせる辛い努力の間ほど、平等の前提する精神の独立が大きく、過剰に見えるときはない。それゆえ、平等が与える可能性のある知的自由を革命のもたらす無政府状態から注意深く区別すべきである。将来に対して過剰な期待と恐怖をいだかぬために、この二つは分けて考えねばならない。

新しい社会に住む人たちは個人の理性をしばしば行使するだろうと私は思う。だが、彼らがそれをしばしば乱用するとは決して思わない。

この点はすべての民主国により広く当てはまるある原因に由来しており、その要因が長い間には個人の思考の独立を決まった限界に、時には狭い限界の中に閉じ込めてしまうに違いない。

この点は次の章で述べよう。

# 第二章　民主的諸国民における信仰の主要な源泉について

教条的信仰は時代によってその数に多少がある。それらがどのようにして生ずるかはさまざまであり、その形式、対象は変わりうる。だが、教条的信仰、すなわち人々が信じきって議論なしに受け容れる意見が存在しないということはあり得まい。もし、各人がそれぞれの意見をすべて自分自身でもとうとし、独力で切り開いた道を通って個別に真理を求めようとするならば、多くの人間が共通の信仰の下に集まることはありそうにない。

ところで、たやすく分かることだが、同じ信仰をもつことなしに社会は繁栄し得ず、というより、そうでなければ社会は存続しない。なぜなら、共通の観念なくして共通の行動はなく、共通の行動なくしては、人間は存在しても社会はないからである。社会が存在するため、それ以上にその社会が繁栄するためには、すべての市民の精神が常にいくつかの主要な観念によってまとめられ、一つになっていなければならない。そして、市民の誰もが時折は共通の源泉から意見を引き出し、いくつかの出来合いの信念を受容することに同意しなければ、そうはなり得ない。

ここで人間を一人だけ切り離して考察してみても、同胞とともに生きるために劣らず、単独に生きるためにも教条的信仰が不可欠であることが分かる。

もし、毎日使っている真理のことごとくを自分で自分に証明しなければならぬ羽目に追い込まれたとすれば、人はとてもそれをやり遂げないであろう。予備的な証明に力尽きて、先へは進めまい。人の一生は短いからそんなことをする時間もなく、個人の知力には限りがあって、そうする力もない。したがって、時間と能力の不足から自分では調査も検証もしたことはないが、優れた人々がすでに発見し、大衆が是認している事実や見解の多くは、これを確実とみなすことになる。この基礎の上にはじめて、人は自分の手で固有の思想を築き上げる。このようなやり方をとるのは、個人の意思によるのではない。人間存在の不変の法によって、そうせざるを得ないのである。

世界のどんなに偉大な哲学者といえども、他人の言を信じて多くのものごとを正しいと考え、自分で明らかにしたよりはるかに多くの真理を前提せずにはいられない。

このことは仕方がないというだけでなく、望ましいことでもある。一人の人間がすべてのものごとを自分で調べようとすれば、一つ一つに時間をかけ注意を払うことはほとんどできないであろう。そのような作業は精神を不断の動揺の中におき、そのためいかなる真理をも深く究めることができず、なんらかの確信に達して精神の安定を得ることが不可能になる。その人の知性はなにものにも依存しないが、同時に脆弱《ぜいじゃく》であろう。それゆえ、人間が意見をもつべきさまざまな対象の中から選択を行い、自分で調べようとする若干の信念を深く掘り下げるために、多くの信念を議論なしに採用しなければならない。

なるほど他人の言葉を信じてある意見を受け容れる人はすべてその精神を隷属させている。だがこれは自由の善用を可能ならしめる健全な従属である。

それゆえ、何が起ころうとも、知性と道徳の領域にはつねに権威がどこかに存在しなければならない。権威の位置は変わりうるが、権威がなんらかの位置を占めるのは必然である。個人の独立は大きいことも小さいこともあろう。だが、それが無限に広がることはあり得ない。したがって、民主的世紀に精神的権威が存在するかどうかを知るのが問題ではない。その所在がどこにあり、どれだけの権威をもつかが問題なのである。

私は、前章において、境遇の平等が人々に超自然的なものへの本能的な不信感をいだかせ、人間理性をきわめて高く、しばしば誇大に評価させることを示した。

だから、この平等の時代に生きる人々にとって、自らが服すべき精神的権威を人間性の外やその上におくことは難しくなっている。通常、彼らは自分自身の中、あるいは自分の同類の中に真理の源泉を求める。このことはこのような時代に新たな宗教が生まれるはずはなく、そうした試みはすべて不敬であるばかりか、ばかばかしく常軌を逸していることを十分に証明するであろう。予見できることだが、民主的諸国民は神の使命を容易に信ぜず、新しき預言者を好んで笑いものにし、信仰の裁定者を人間の中に見出し、その上には求めぬであろう。

境遇が不平等で、人々が互いに異なっていたときには、教養と知識が豊かで、抜きんでた知性を有する少数の人々がある一方で、大衆は無知で考え方はおそろしく狭かった。貴族制の時代に生きる人々は、だから自然に、理性に優れた一人の人間、一つの階級に導かれて自分の意見を決め、全体の無謬《むびゅう》性を認める気にはまずならなかった。

平等の世紀には逆のことが起こる。

市民が互いに平等で似たものになるにつれて、ある特定の人間、ある特定の階級を盲目的に信ずる傾向は減少する。市民全体を信用する気分が増大し、ますます世論が世の中を動かすようになる。

民主的諸国民にあっては、共通の意見だけが個人の理性の唯一の導き手になるというだけではない。そうした国民にあっては他のいかなる国民に比べても、それは限りなく大きな力をもつ。平等の時代には人々はみな同じだから、お互いに誰かを信用するということが決して決してない。だが、みな同じだからこそ、人々は公衆の判断にほとんど無限の信用をおくことになる。なぜなら、誰もが似たような知識水準である以上、真理が最大多数の側にないとは思えないからである。

民主的な国で人は周囲の人間一人一人と自分を比べれば、誰に対しても平等だと誇らしく感じる。だが仲間全体を思い浮かべ、この総体の傍らに自分をおいてみると、自分の小ささと弱さにたちまち打ちのめされる。

平等は人を同胞市民の一人一人から独立させるが、その同じ平等が人間を孤立させ、最大多数の力に対して無防備にする。

公衆はだから民主的諸国民にあっては、貴族制の国民には思いもよらぬ特別の力を有する。それは信仰を説きはしない。信仰を押し付け、一人一人の知性に対して万人の精神が及ぼす途方もないある種の圧力を通じて信仰を魂の内部に浸《し》み通らせる。

合衆国では、多数者は諸個人に出来合いの意見をたくさん提供し、自分自身の意見をもつ責務から人々を解き放つ役割を担っている。このように、哲学、道徳、政治に関して、誰もが自分では何の検討もせず、公衆を信じて採用する理論が数多くある。そして近くで見ると、宗教でさえここでは啓示された教義としてより、共通の意見として行き渡っていることが分かるであろう。

アメリカ人にあっては、多数者が社会を絶対的に支配するように政治の法制ができていることは分かる。このことは多数者が当然に知性に及ぼす影響力をさらに大いに増す。というのも、自分を抑圧するものに知的優越性を認めることほど人間にありがちなことはないからである。

合衆国における多数者のこの政治的全能は、たしかに、公衆の意見が各人の精神にそれでなくとも及ぼす影響力を一層大きくする。だがそれが影響力の根源ではない。影響力の源泉は平等自体に求めるべきであって、平等な人々が自らに与えるであろう多少とも民衆的な制度にあるのではない。最大多数の精神的支配は一人の王に服する民主的国民にあっては純粋民主政におけるほど絶対的ではないと考えられる。けれども、どんな場合にも、その力は相当に絶対的であり、平等の世紀に人間を律する政治の諸法がいかなるものであれ、共通の意見への信仰は一種の宗教となり、多数者がその預言者となるだろうと予測できる。

このように精神的権威は別のものになるが、その力は低下しないだろう。それがいずれ消えることになるとは決して信じられない。それどころか、私は、精神的権威は容易に過大となり、ついには個人の理性の作用を人類の偉大さと幸福に相応《ふさわ》しからぬ狭い範囲に閉じ込めてしまうのではないかと懸念する。私は平等の中に二つの傾向をはっきりと認める。一つは各人の精神を新たな思想へ向かわせる傾向であり、もう一つはものを考えなくさせてしまう傾向である。そして、私の見るところ、ある種の法の下では、デモクラシーは民主的な社会状態の促進する精神的自由の火を消してしまい、その結果、かつて階級や人間が押し付けていた拘束をすべて断ち切った人間精神が、今度は大多数のものの一般意思に進んで自分を固く縛りつけることになるのではなかろうか。

もし、民主的諸国民が個人の理性の羽ばたきをこれまで妨げ、あるいは過度に遅らせてきたありとあらゆる力の代わりに、多数者の絶対的な力を置き換えたのであれば、害悪の性格が変わっただけのことであろう。人間が自立した生き方を見出したことにはならない。厄介なことに、隷属の新しい形を発見しただけであろう。何度繰り返しても言いすぎにはならないはずだが、ここには、精神の自由に神聖なものを認め、専制君主のみならず専制そのものを憎むものにとって、深く反省を迫るものがある。私としては、権力の手が頭上に重くのしかかるのを感じるときには、抑圧者が誰かを知ることはほとんど問題ではない。首枷《くびかせ》を差し出す人の数が多いからといって、安心して自分の首をつながせる気にはならない。

## 第三章　アメリカ人はなぜ彼らの父祖であるイギリス人より一般観念に適応し、これを好むのか

神は人類一般を思い浮かべない。人類を構成するすべての存在を一目で識別し、人と人が互いにどの点で似ており、どの点で違うか、一人一人を認識する。

神はだから一般観念を必要としない。すなわち、思考の便宜のために類似した多くの対象を同じ形式に一括りにする必要を感じない。

人間はそうはいかない。人間精神が出会ったすべての個々のケースを一つ一つ別々に検討し、判断しようと試みれば、やがて限りない細部の中に自己を見失い、何も見えなくなるであろう。結局、不完全だが必要な、あるやり方に頼ることになる。それは人間精神の弱点を補うものだが、その弱さの証でもある。

ある程度の数の対象を表面的に考察し、それらが似ていることに気づくと、人間精神はこれらすべてに同じ名前をつけ、傍《わき》において先へ進む。

一般観念は人間知性の力を証するものでは決してなく、むしろその不十分性を示す。というのも、自然の中にまったく同じもの、同一の事実はなく、複数の対象に同時に無

差別かつ一律に適用される規則もないからである。

一般観念には、人間精神が一度に数多くの対象について判断を下すことを可能にするという美点がある。だが、他方、それは不十分な概念しか与えず、それがとらえる範囲が広い分だけ正確さは失われる。

社会は年を経るにつれて新たな事実について知見を加え、毎日、ほとんど知らないうちに、いくつかの個別的真理をつかむ。

この種の真理をとらえればとらえるほど、人間はより多くの一般観念をいだくようになる。無数の個別事実を別々に見ることができないので、やがてそれらを一つにまとめる共通の絆が見出される。いくつかの個物が種の観念をいだかせ、いくつかの種は必然的に類の観念に至る。したがって、ある国民において知識が蓄積されて古く、数多くなればなるほど、それだけ一般観念を用いる習慣と趣味が広まるであろう。

だが人々を観念の一般化に向かわせるか、それともそれから遠ざけるかには、また別の理由がある。

アメリカ人はイギリス人に比べて一般観念を用いることがはるかに多く、これをいっそう好む。この二つの国民が同じ起源をもち、何世紀にわたって同じ法制の下にあり、今なお両者の間に意見と習俗の交流があることを考えると、この点は一見したところ非常に奇異に見える。視線をわれわれのヨーロッパに向け、そこに住むもっとも知識の開けた二つの国民を相互に比べてみると、対照はそれ以上にはなはだしい。

イギリス人にあっては、人間精神にとって、個別の事実の考察から離れて原因に遡ることは、後悔と苦痛を覚えずにはいられないもののようである。精神が物事を一般化するのは嫌々ながらのことでしかないらしい。

ところが、われわれフランス人にあっては、一般観念の好みは行き過ぎた情熱と化し、どんなことについてもこれを満たさないではいられない。毎朝目覚めるたびに、誰かが今まで聞いたことのない、これこれの一般的恒久的法則を発見したと聞かされる。どんなに凡庸な作家でも、とりあえず一大王国に妥当する真理を発見するくらいでは不満で、論説の主題に人類を取り込めないと自分に満足しない。

知識の開けた二つの国民の間にこのような相違があるのは驚きである。そして、もう一度イギリスに思いをめぐらせ、この半世紀にそこで起こっていることを考えると、一般観念の好みはその国の古来の国制が弱まるにつれて大きくなると主張できると思う。

知識の進歩の度合いだけでは、だから、人間精神に一般観念を好ませるか、それに背を向けさせるかを説明する十分な理由にならない。

境遇がまるで等しくなく、不平等が恒久的なとき、諸個人は次第に類似性を失い、階級の数だけ別種の人間があるようになる。数ある種類の中から一種類の人間しか目に入らず、人類全体の大きな枠の中にすべての人間をまとめる一般的な絆を見失うために、人が思い浮かべるのは特定の人々だけであって、人間一般ではない。

このような貴族社会に生きる人々はだから自分自身について特に一般的な観念をいだかない。そのことだけで、彼らにそのような観念に対する習慣的な不信感と本能的な嫌悪感を与えるに十分である。

民主的な国に住む人間は、逆に、身近にほぼ似たような存在しか見出さない。そのため人類のある一部分という発想が浮かばず、全体を見渡すまで思考が拡大、膨張してやまない。自分自身に妥当する真理はすべて同胞市民や自分の同類の誰にも等しく同じように当てはまるように思われる。いちばんの関心の対象であり、それ以上に興味もある事柄を一般観念で考える習慣に馴染《なじ》んでいるので、他のどんな事柄を考えるにもこの習慣をもちこむ。その結果、あらゆるものごとに共通の規則を見出し、数多い対象を一つの同じ形にまとめ、一連の事実をたった一つの原因で説明しようとする欲求が人間精神の熱烈にして、しばしば盲目的な情熱となる。

このことの正しさをなによりよく示すのは、奴隷についての古典古代の見解である。ローマとギリシャのもっとも深遠で広大な才能の持ち主が、人は誰でも同じであり、生まれながらに自由に対して等しい権利をもつという、非常に一般的な、しかしまたごく単純な観念に行き着くことは決してなかった。だからこそ、彼らは、奴隷制は自然に根ざし、永久に続くであろうという証明に努めたのである。それどころか、前身が奴隷で後に自由になった古代の天才たちの多くが素晴らしい文章を残しているが、すべての示すところ、そうした彼らでさえ奴隷制を同じように見ている。

古代のすべての大作家は奴隷の主人という貴族団体に属し、少なくとも、確固として異議をさしはさまれないこの貴族制を眼前に見ていた。彼らの精神は多くの方向に広がったが、この点を超えることはなく、人類を構成するすべての人に生まれながらの違いはなく、人間はみな平等であるという事実を理解させるには、イエス・キリストが地上に降り来たる必要があった。

平等の世紀には、すべての人が互いに独立で、孤立し、そして弱い。大衆の動きをその意志に永続的に従わせている人はどこにも見当たらない。このような時代には、人類がいつもひとりでに歩いているように見える。そこで世の中の出来事を説明するのに、何か大きな原因、同じ仲間の一人一人に同じように働きかけ、誰もが進んで同じ道を行くようにさせる原因を探し求めることになる。このことがまた一般観念をいだくように人間精神を自然に導き、その好みに染まるように仕向ける。

私は先に、境遇の平等のために、人は誰でも自分の手で真理を求めるようになることを示した。このような方法が人間精神を知らず知らずのうちに一般観念に向かわせることは見やすい。私が階級、職業、家の伝統を非難し、先例の支配から逃れて、自らの理性の力のみによって進むべき道を探すとき、私は自分の見解の根拠を人間の本性そのものに求めようとし、このことが必然的に、またほとんど意識せずに、非常に一般的な概念の数々に私を導くことになる。

イギリス人が彼らの息子であるアメリカ人より観念の一般化への適性と好みを示すことと少なく、とりわけ隣人たるフランス人に比べるとさらに少ないのはなぜであり、そして、彼らの父祖に比べれば、今日のイギリス人は観念の一般化の好みを示すことが多いのはなぜだろうか。先に述べたすべてのことはこの理由をよく説明する。

イギリス人はずっと知識の開けた国民であったが、同時に長く非常に貴族的な国民でもあった。彼らの知識は絶えずきわめて一般的な観念に彼らを向かわせたが、その貴族的な習慣が非常に特殊な観念にこれを引き止めていた。ここから、今日までイギリスを支配する哲学、大胆にして臆病、広大にして狭隘《きょうあい》なあの哲学が生まれ、今日なおその哲学は多くの人々の精神を狭く、踊らぬものに保っている。

以上に私が示した原因と別に、ほとんどすべての民主的国民に一般観念の好みと、時にはその情熱を生み出す他の原因、それほど明瞭ではないが同じように作用している原因がある。

まず一般観念といってもその中に区別を設ける必要がある。時間をかけて、知性を細かい点まで丹念に働かせた結果として生まれる一般観念があり、こうした観念は人間の認識領野を拡大する。

精神の即席の努力を一度行うだけで、そこから簡単に生まれる一般観念もあり、そうした観念はごく表面的で極めて不確実な概念しかもたらさない。

平等の世紀に生きる人々に好奇心は多いが、暇は少ない。彼らの生活は実用的で複雑であり、絶えずせかされ活動的である。そのため、ものを考える時間がほとんどない。民主的な世紀の人々が一般観念を好むのは、それが個別の事例を検討する手間を省いてくれるからである。そうした観念は、このように言うことができるとすれば、多くのものごとを一つの小冊子に取り込み、わずかな時間で大きな成果を挙げる。手早くざっと調べただけで、いくつかの対象の間に共通の関係を認めたと思うと、人々はそれ以上研究を進めず、このさまざまな対象が互いにどう似通い、どう違っているか詳細に検討することなく、急いで全部を同じ定式にくくって、先へ進む。

民主的な世紀の際立った特徴の一つは、そこでは安易な成功、現在の享楽への好みに誰もが染まるということである。この点は他のすべての職業同様、知的な職業にも見られる。平等の時代に生きる人々の多くは激烈にして軟弱な野心に溢れている。彼らは大きな成功を即席に得ようと望むが、努力はあまりしないで済まそうとする。この矛盾した本能が彼らをまっすぐに一般観念の探求に向かわせ、彼らはその力を借りて、広範な対象を簡単に描き、公衆の注目を苦もなく引きつけられると自画自賛する。

彼らがこう考えるのは誤りかどうか、私には分からない。というのも、読者もまた自分の力の及ぶ限り徹底して考えを深めるのを恐れ、精神的な労作に安易な楽しみと努力のいらない教えしか、通常、求めなくなるからである。

貴族的な諸国民が一般観念を十分に利用せず、しばしばこれに対する行き過ぎた軽蔑を示すとすれば、逆に、民主的な人民は常にこの種の観念を乱用しがちであり、ためらうことなくこれに熱中する傾きがある。

# 第四章　アメリカ人が政治における一般観念にフランス人ほど熱中したことがかつてないのはなぜか

私は先にアメリカ人はフランス人ほど一般観念に強い好みを示さないと述べた。この点はとりわけ政治に関する一般観念について正しい。

アメリカ人はイギリス人に比べて、はるかに多くの一般観念を立法に導入し、人間社会の実務を理論に合わせることにずっとこだわるが、わが国の〔フランス革命時の〕制憲議会や国民公会ほど一般観念を愛する政治機関が合衆国に出現した例はない。アメリカ国民全体が一八世紀のフランス人と同じようにこの種の観念に熱中したことはなく、いかなる理論についてもその良さと絶対的真理性を彼らのように盲目的に信じたことはない。

アメリカ人とわれわれとのこの違いはいくつかの原因から生じているが、主要には次の点に由来する。

アメリカ人は政治の実務をいつも自分たちで動かしてきた民主的国民であり、われわれは民主的国民だが、長い間、政治運営の最善のやり方をただ思いめぐらすことしかできなかった。

社会状態のためにわれわれはすでに統治について非常に一般的な諸観念をいだくに至っているが、われわれの政治構造はそうした観念を経験によって修正し、少しずつその欠陥を発見することをいまだに妨げている。これに対して、アメリカ人にあってはこの二つが絶えずバランスをとり、自然に補い合っている。

一見したところ、この事実は私が先に述べたこと、民主的な諸国民が理論を好むのは実際生活が忙しいところからくるという事実と真っ向から対立するように見える。注意深く検討すれば、そこになんら矛盾はないことが分かる。

民主的な世紀に生きる人々が一般観念を強く求めるのは、彼らに暇がほとんどなく、そうした観念は個別の事例の検討にかける時間を省いてくれるからである。それは事実だが、これを文字通りに理解すべきであるのは、彼らが日常いやおうなく考えている対象でない事柄についてだけである。商売人は哲学や政治、学問芸術に関する一般観念は、細かく調べずとも、他人が示すものをなんでも進んで受け取るであろう。だが商売に関係する観念は検討なしに受け入れず、留保なしには承認しないだろう。

ことが政治に関する一般観念である場合には、政治家についても同じである。

だから、ある問題について、民主的諸国民が限度を超えて盲目的に一般観念に流される危険が特に大きいとき、利用できる最善の矯正策は、彼らを日々、実践的にそれに関与させることである。そうすれば、彼らはいやおうなく細部に立ち入り、細部は理論の弱点を認識させることになろう。

その薬は時に苦いが、効き目は確かである。すなわち、市民一人一人を統治に実践的に関与せしめる民主的諸制度は、平等が吹き込む政治についての一般観念への過剰な好みを緩和するのである。

# 第五章　合衆国において、宗教はどのように民主的本能を利用しうるか

これまでの章の一つで、私は、人間は教条的信仰なしにはいられず、そうした信仰をもつのは非常に望ましいことでさえあるということを示した。ここではさらに、私には、あらゆる教条的信仰の中でもっとも望ましいのは宗教上の信仰であるように思われると付け加えよう。このことは、現世の利益のみに注目したとしても、ごく明瞭に引き出される結論である。

人間は神について、また神と人類との関係について、あるいは人間の魂の本性や同胞に対する義務について、ごく一般的な観念をいだくが、人間の行動はどんなに個別的と思われる場合にも、ほとんどすべてそうした一般観念に発している。これらの観念が共通の源泉となってそこから他のすべてが出てくることは動かし難い。

人間はだから、神について、人間の魂について、また造物主と同胞に対する義務について揺るぎのない観念をもつことに大きな利益を有する。なぜなら、こうした基本的諸問題についての懐疑は人間のあらゆる行動を偶然にゆだね、人々をいわば混乱と無力に

陥らせるからである。

これらのことがらはだからわれわれ一人一人が揺るぎなき観念をもつことが一番大切な問題なのであるが、不幸なことに、それはまた、各人が一人一人、自分の理性の力だけに頼っては、確たる考えに達することがいちばん難しい問題でもある。

それほどに必要不可欠でありながら、そうした真理を見抜くことは、日常生活の気苦労に煩わされず、すぐれて洞察に富み、鋭敏で経験を積んだ人間だけが、それも多大な時間と労力を費やしてはじめて為しうるところである。

しかもなおわれわれの見るところ、こうした哲学者でさえ、ほとんど始終疑念にとらわれ、一歩進むごとに彼らを照らす自然の光は弱まり、消えようとする。そしてあらゆる努力にも関わらず、哲学者がこれまでに発見し得たのはわずかばかりの相矛盾する諸観念に過ぎず、人間精神は数千年来、それらの間を絶えずさまようばかりで、真理を確実にとらえるどころか、新たに付け加えられた誤謬にさえ気づかぬままであった。このような探求は人間の平均的能力をはるかに超え、仮に多くの人々がこれに専心する力をもつとしても、そうする暇のないのは明らかである。

神と人間本性についての揺るぎない観念は人が日々暮らしていくのに不可欠だが、その日々の暮らしが人からそうした観念を獲得する力を奪う。

これは私には他に類のないことと思われる。学問の中には、大衆の役に立ち、大衆が理解できるものもあるが、ごく少数の人たちしか近づくことができず、多数のものには最末端の応用しか必要がなく、習得できないものもある。ところが、いま論じている知識に関しては、それを探究することこそ大多数の人間の及び難いところだが、これを日々に実践することが万人にとって不可欠なのである。

神と人間本性に関する一般観念は、だから、あらゆる観念の中でも個人の理性の通常の作用から遠ざけておくのがいちばん適切で、これについては一つの権威を承認してしまうことがもっとも得るところ多く、失うところはもっとも少ない。

宗教の第一の目的、そしてその主要な利点の一つはこのような最重要な問題の一つ一つに明確で厳密な解決、大衆に分かりやすく、長く持続する解決を提供することである。

まったくいかがわしく荒唐無稽な宗教はたしかに存在する。けれども、先に私が示した枠内にとどまり、かつていくつかの宗教が試みたように、その外に出て人間精神の自由な羽ばたきをあらゆる面で妨げることがなければ、すべて宗教は知性に健全な枠をはめるものということができる。そうした宗教はたとえ来世において人を救わないとしても、少なくとも現世における人間の幸福と栄光に大いに役立つことは認めねばならない。

この道理はとりわけ自由な国に生きる人々に当てはまる。

ある国民の宗教が破壊されると、国民のもっとも知的な部分が懐疑にとりつかれ、その他の部分も懐疑のために心が半分麻痺《まひ》してしまう。誰もが同胞と自分自身の最重要の関心事について混乱した移ろいやすい考えしかもたぬ状態に慣れ、自分の意見をうまく擁護できず、簡単にこれを捨て去る。人間の運命が提示するもっとも重要な諸問題を自分の力だけで解くことはできないと絶望し、無気力にもそうしたことがらを考えなくなる。

このような状態は間違いなく魂を柔弱にする。意志の活力を弛緩させ、市民に隷従を受け容れる用意をさせる。

このとき、市民は手を拱《こまぬ》いて自由を奪われるに任せるだけではない。しばしば自ら進んでこれを譲り渡す。

政治におけると同じように宗教に関しても権威が存在しなければ、人々はやがて際限のない独立の様相に怖じ気づく。あらゆる事物のこうした動揺は彼らの心を不安にし、疲労させる。精神の世界ではすべてが揺れ動いているので、せめて物質世界は堅固で安定して欲しいと願い、かつての信仰を取り戻しえないので、自ら主人を戴く。

私としては、人が果たして宗教におけるまったき独立と政治における完全な自由とを同時に保持しうるものか疑わしく思う。人間は信仰をもたないならば隷属を免れず、自由であるならば、宗教を信じる必要があるとする考えに傾くのである。

しかも、私は、宗教のこの多大な効用は境遇の平等な国民においてて他のいかなる国民の場合より明瞭なのではないかと思う。

平等は世界にとてもよいことをもたらすが、後に示すように、人々に極めて危険な本能を吹き込むことは認識しなければならない。それは人間を互いに孤立させ、誰もが自分のことしか考えないようにさせる。

それはまた人々の心を度外れなほど物質的享楽に向かわせる。

宗教の最大の利点はこれと正反対の本能を吹き込むところにある。人間の欲求の対象を現世の幸福の外、その上におかない宗教はなく、人間の魂を感覚の世界よりはるか上にある場所へ自然に高めない宗教もない。それ以上に、人間一人一人に人類に対するなんらかの義務、人類とともにあるべき義務を課さない宗教はなく、どんな宗教もそれによって各人を自分だけへの思いから時には引き離すのである。このことはこの上なくいかがわしく、もっとも危険な宗教においてさえ認められる。

当然のことながら、宗教的な国民の強みはまさに民主的な国民の弱いところで発揮される。このことは平等になるにつれて宗教を保持することがいかに重要であるかを如実に示すものである。

私には神が人の心の中に宗教的信仰をもち込むために用いられる超自然的手段を検討する権利もなければ、その意思もない。私はいま宗教を純粋に人間の視点からのみ見ている。われわれが入りつつある民主的な世紀に、どのようにすれば宗教はその力をもっともたやすく保持できるかを尋ねているのである。

啓蒙と平等の時代に人間精神は教条的信仰をなかなか受け容れようとせず、その必要を生き生きと感じるのは宗教の場をおいて他にないことはすでに示した。このことはまず、このような世紀には、他のどんな時代にもまして宗教は慎重にそれに固有の限界を守り、決してその外に出ようとしてはならないということを示唆する。なぜなら、宗教上の問題を超えて力を拡げようと望むならば、宗教は何事に関しても信用を失う危険があるからである。宗教はだからいかなる領域において人間精神に制約を加えようとするのか、その境界線を注意深く引き、その外では人間精神の自由な活動を完全に許すべきなのである。

ムハンマドは宗教的教義のみならず、政治の格率、民事刑事の法律、科学の理論までも天降らせてコーランの中に書きとどめた。ところが、福音書は人間と神との、また人間相互の一般的諸関係しか語っていない。その範囲を超えるところでは、福音書は何事も教示せず、何を信ぜよとも命じない。二つの宗教のうち前者は啓蒙とデモクラシーの時代に長く支配的な力を揮《ふる》えないのに対して、後者は他のあらゆる世紀と変わらず栄えるに違いない。その所以《ゆえん》を示すには、他の幾多の理由をおいてこのことだけで十分である。

この同じ検討をさらに続けるならば、人間の見地から言って、宗教が民主的世紀になお存続しうるためには、それが注意深く宗教上の問題の範囲内に閉じこもるだけでは足らない。宗教の力はそれが表明する信仰の性質になお多く依存しており、それが採用する外的形式、それが人に課する義務によるところも大きい。

私が先に述べた点、平等は人々をごく一般的で極めて漠然とした観念に向かわせるという事実は、なによりも宗教に関して妥当すると考えねばならない。相互に似通い、平等な人々は唯一神の観念、誰にも同じ規則を課し、誰にも同じ代価で来世の幸せを与える神という観念を容易にいだく。人類の一体性という考えが人々を絶えず造物主は一つであるという考えに立ち返らせる。これに対して、相互に切り離され、相違の大きい人々はとかく国民、カースト、階級、家系の数だけ神々をつくり出し、天国に至る個別の道を無数につけることになりがちである。

キリスト教でさえ、社会と政治の状態が宗教的信仰に及ぼすこの影響をある程度免れなかったことは認めねばならない。

キリスト教が地上に現れたとき、神の摂理はおそらく世界をその到来に備えるべく、予《あらかじ》め人類の大部分をローマの皇帝の王笏《おうしゃく》の下に一個の巨大な群れとして統合していた。この群衆を構成する人々は互いに大いに異なっていたが、にもかかわらず、誰もが同じ法律に服するという共通点をもっていた。そして誰もが王者の大きさに比べればあまりに弱く小さかったから、王者と比較するときには、誰もがみな平等に見えた。

人類のこの新しい特殊な状態が、人々をしてキリスト教の教える一般的真理を受け容れる気にさせたに違いないこと、そしてキリスト教がこのときいかに容易かつ急激に人間精神に浸透することになったかも、この状態から説明できることは認めねばならない。

逆の証拠は帝国の崩壊後に見られた。

このときローマ世界はいわば無数の破片に砕け、諸民族はそれぞれもとの独自の存在に立ち返った。やがて、各民族の内部で、身分の違いが限りなく細分化する。血統が目立ち、カーストが各民族を複数の集団に分ける。人間の諸社会はこの共通の作用を受けて、考えうる限り多くの小片にひとりでに細分化していくかに見えたが、その中にあっても、キリスト教はそれがかつて明らかにした主要な一般観念を決して見失いはしなかった。とはいえ、キリスト教もまた、その本質を失わぬ限り、人類の分裂から生じた新たな諸傾向に適応したように思われる。人々は依然として万物の創造者にして維持者たる唯一の神だけを崇めた。だが、個々の国民や都市、いや一人一人の人間までもが、それぞれになんらかの特権を有し、至高の主の傍らに自分だけの守護者をおくことができると考えたのである。神そのものを分割することはできないので、せめてその代理人の数を増やし、彼らの力を途方もなく大きくしたのだ。天使と聖者に捧げる崇敬は多くのキリスト教徒にとってほとんど偶像崇拝に近くなり、キリスト教がかつて駆逐した諸宗教に逆戻りするのではないかと一時心配されたのも無理からぬところであった。

人類を諸民族に分け、それぞれの国民の内部で市民と市民を隔てていた障壁が消滅に向かうにつれて、人間精神はひとりでに、唯一全能の存在が誰に対しても同じ法を平等かつ同じ仕方で及ぼすという観念に向かう。私にはそれは明らかだと思われる。このデモクラシーの世紀にはだから二次的な代理人に捧げられる崇敬と造物主にのみ捧げるべき礼拝との混同を決して許さぬことが格別大切である。

私にはまったく明らかと見える真理がもう一つある。民主的な世紀には他のいかなる時代にもまして宗教は外形的な勤めの負担を減らさねばならぬということである。

私はすでに、アメリカ人の哲学の方法に関連して、形式に服するという考えほど平等の時代に人間精神の反発をかうものはないということを示した。こうした時代に生きる人々に聖像は我慢ならず、信経《ル・クレド》は真理を目から隠し、そらすための子供だましのたくらみのように見える。そんなものはない方が、ずっと自然に裸の真理が明白に示されるのにと彼らは考える。儀式を見ても心は動かされず、当然のことながら礼拝の細目には補助的な重要性しか認める気にならない。

民主的な世紀に宗教の外的形式を律する任に当たるものは人間の知性のこの自然の本能を肝に銘じ、これに対して無用の戦いを挑まぬことである。

私は形式の必要を固く信じている。それが人間精神を抽象的真理の瞑想に沈ませ、真理を確実に把握するのを助け、熱烈にこれを受け容れさせることは承知している。外形的な勤めなしに宗教を維持できるとは決して思わない。だが、他方で、われわれが入りつつある世紀に、外形的な勤めの数を法外に増やすことはとりわけ危険であろう。むしろその数を制限し、教義そのものの永続に絶対に必要なものだけにこれを限定すべきであると考える。教義こそが宗教の本体(1)であって、礼拝は形式に過ぎない。人間がますます平等になるとき、一層口うるさく一層頑《かたく》なになり、細かな戒律をさらに増やすような宗教があったとすれば、そうした宗教は、いずれ、信仰を失った大多数の人びとに囲まれて一握りの狂信的信者しかいないという状態に陥るであろう。

宗教はすべて普遍的恒久的な真理を目指すものであるのに、このように時代の移ろいやすい衝動に従っていたのでは、人々の目に確固とした性格のものと映らなくなってしまうという反論が間違いなく出ることは分かる。ここでもまた私は、一つの信仰の根幹を構成し、神学者たちが信仰箇条と呼ぶものを形成する主要な見解とそれに付随する補足的観念とを慎重に区別すべきだと答えよう。前者においては、時代に固有の精神がどうあれ、宗教はつねに一定の考えを堅持しなければならない。だが後者についても同じように執着することは、あらゆるものが絶えずところを変え、精神が人間世界の流動する様相に慣れて停滞に悔いを残すような時代には、厳に慎むべきである。外的で二次的なことがらにおける不変性が持続の条件であるのは、市民社会自体が停滞しているときだけであるように私には思われる。それ以外の場合には、それはつねに一つの危険であると考えざるを得ない。

われわれは後に、平等から生まれ、平等が助長するあらゆる情熱の中でも、それがとりわけ強烈に、また万人の心にいっせいに解き放つ一つの情熱があるのを見るが、それは安楽への愛である。安楽を好む気持ちは民主的な時代の際立った、消すことのできない特徴のようなものである。

この根本的情熱を破壊しようと企てるような宗教は、最後にはこの情熱によって滅ぼされると考えてよい。宗教が人を現世の幸福を考えることから完全に引き離し、ただ来世における幸福を思うことにのみ専念させようと願ったりすれば、結局のところ、人間の魂はかえって宗教の手から逃れ、遠く宗教から離れて、ひたすら現在の物質的享楽に身を任せることになるであろうと予測できる。

宗教の主要な仕事は、平等の時代に人々が安楽に対して感ずるあまりにも激しくあまりにも排他的な好みを浄化し、規制し、制限することである。だが、宗教がこの好みを完全に抑圧し、破壊しようとするのは誤りだと私は思う。宗教は致富への関心から人を引き離すのに決して成功しないだろう。だが公正な手段によってのみ富を築くように説くことはまだできる。

このことは私を最終的な考察、ある意味で他のすべてを包括する考察に導く。人々が互いにますます類似し平等になるにつれて、宗教は世の中の日々の営みから慎重に距離をとり、一般に受け容れられている観念や大衆を恒久的に支配している利害と無用の衝突を起こさぬことが一層重要となる。というのも、共通の意見がもろもろの権力の中でも第一のもの、そしてもっとも抵抗し難い権力のようになるからである。世論の外にあって、その攻撃に長く抵抗することのできるほど強力な拠点はなにもない。このことは一人の専制君主に服する民主的国民にあっても、共和国の場合に劣らず真実である。平等の世紀に国王が人を服従させることはしばしばあるが、人を信じさせているのはいつでも多数者である。信仰に反しない限りは、だから、なにごとにおいても多数者の意向を汲まねばならない。

私は、第一巻において、アメリカの聖職者たちがどのようにして政治から距離をとるかを示した。これは彼らの自制のもっとも目立つ例だが、唯一の例ではない。アメリカでは、宗教は聖職者の支配する別世界だが、聖職者はそこから決して出ないように気を配る。その境界の中では、聖職者が精神を導いている。その外では人々の自由に任せ、彼らの本性と時代に特有の独立心と気まぐれに委ねる。合衆国ほどキリスト教が儀礼や勤行、聖像で飾られていない国、それでいて、キリスト教がこれほど真摯《しんし》にして単純で普遍的な観念を人間精神に提示している国を、私は他に見たことがない。アメリカのキリスト教徒は無数の教派に分裂しているにもかかわらず、誰もが自分の信ずる宗教を同じ目で見ている。この点はカトリシズムにも他の宗派とまったく同じように当てはまる。カトリックの聖職者で合衆国のカトリック聖職者ほど、個々の細かな戒律や異様で独特の礼拝形式を気にかけないものもなければ、彼らほど律法の文言にこだわらず、その精神に忠実なものもいない。神のみに捧げるべき礼拝を聖者たちに捧げることを禁じたローマ教会の教義がアメリカほどはっきりと教えられ、それ以上に守られているところは他にない。にもかかわらず、アメリカのカトリック教徒はきわめて従順で、真摯である。

もう一つの点はあらゆる教団の聖職に当てはまる。アメリカの聖職者たちは人々の視線をすべて来世にひきつけ、そこに固定しようとは試みない。人が心のどこかで現世のことを考えるのを進んでゆるす。彼らは現世の幸福を副次的にもせよ重要な目的とみなしているように見える。自ら産業に従事することはないが、少なくともその進歩に関心をもち、これを称賛する。そして、来世こそ恐れ、また望むべき大目標であると常々信者に説きつつも、現世の幸福を公正に追求することをこれに禁じはしない。二つの世界がどのように分かれ、対立しているかを示すどころか、むしろ両者がどこで触れ合い、結びつくかを懸命に見出そうとする。

アメリカの聖職者は誰でも多数が行使する精神的支配力を認識し、これを尊重する。必要不可欠な闘争以外では決してそれに反対しない。党派の争いにまきこまれることなく、その国とその時代に一般的な意見を進んで取り入れ、周囲のすべての事物を動かす感情と思想の流れに身を任せて逆らわない。同時代の人々の行いを正す努力はするが、人々から離れはしない。世論はだから彼らにとって決して敵ではない。むしろ聖職者は世論に支持され、庇護《ひご》されている。かくて、彼らの信仰は信仰それ自体の力と多数者から借りる力との両方によって広く行き渡る。

このようにして、デモクラシーの本能のうち自分に反しないものをすべて尊重し、そのいくつかを利用することによって、宗教はそれにとってもっとも危険な本能である個人の独立の精神に対して有利な戦いを進めることができる。

# 第六章　合衆国におけるカトリシズムの拡大について

アメリカは地上で最も民主的な国であり、同時に、信用できる報告に従えば、カトリック信仰がもっとも拡大しつつある国である。これは一見驚くべきことである。

二つのことをはっきり区別すべきである。平等は人々をしてものごとを自分で判断しようという気にさせる。だが、他方で、それは単一にして単純な、万人にとって等しい社会の力という観念とそれへの好みを人に与える。民主的世紀に生きる人々には、だからあらゆる宗教的権威から逃れようとする強い傾向がある。だが、彼らがもし何かそのような権威に服することに同意するとすれば、少なくともそれは一つの統一的権威であってほしいと望む。宗教的権力は複数あって、同じ一つの中心を目指してもいないという考えは当然のことながら彼らにとって驚きであり、複数の宗教を考えるくらいなら、宗教がまったく存在しないと想定するのも難しくない。

今日われわれは、過去の時代以上に、多くのカトリック信者が信仰を失い、また多くのプロテスタントがカトリックに改宗するのを見ている。カトリシズムの内部を見れば、数が減っているように見えるが、その外に目をやれば、数は増している。その説明はつく。

今日の人々は自然には信仰をもとうという気にほとんどならない。だが、ひとたび宗教を信ずるやいなや、知らない間にカトリシズムに向かわせる隠れた本能を自分自身の中に見出す。ローマ教会の教義と慣例のいくつかには驚かされるが、教会の統治形態にはひそかな賛嘆を覚え、その偉大な統一性に惹きつけられる。

もしカトリシズムが過去に生ぜしめた政治的憎悪からついに逃れることができるならば、かくもそれに相反するように見えるこの世紀の精神自体が非常に好意的になり、カトリシズムが突如として大きな成果を収めることを私はほとんど疑わない。

相反する原理の間の和解を欲し、論理を犠牲にして平安を買うのは人間知性にこの上なくありふれた弱さの一つである。それゆえ、自分の宗教的信仰箇条のいくつかを一つの権威に服せしめた後に、他のいくつかをその統制から解き放ち、精神を従属と自由の間に漂わせる人々は過去にいつもいたし、これからも常にいるだろう。だが、そうした人々の数は民主的世紀には他の時代より少ないであろうし、われわれの子孫は次第に二つの部分、すなわちキリスト教から完全に抜け出す人々とローマ教会の中に入る別の人たちに分かれていくであろう。私はそのような考えに傾く。

# 第七章　民主的諸国民の精神を汎神論に向かわせるもの

民主的国民に支配的な一般観念への好みがどのような形で政治にも現われるかは後に示そう。だが、いまのところは、哲学におけるその主要な帰結を述べたい。

今日、汎神論が大いに広まっていることは疑い得ないであろう。ヨーロッパの一部地域の著作はその刻印をはっきり帯びている。ドイツ人はこれを哲学に、フランス人は文学に取り入れている。* フランスで出版されている空想的作品の多くは、汎神論から借りたなんらかの考えや描写をその中に含んでおり、でなければ、著者がこの教義に傾斜しているある種の傾向をのぞかせている。私にはこれがただの偶然によるとは思えず、ある持続的な原因に由来するように思われる。

〔* フランスの注釈書はここでトクヴィルの念頭にあった作品として、ラマルティーヌの『ジョスラン』などの文学作品をあげることが多い。しかしトクヴィルのここでの議論は文学的というより哲学的であり、ドイツ人の哲学として、スピノザの汎神論の立場からドイツ観念論を論じたハイネの『ドイツ古典哲学の本質』(ドイツ語原著は *Zur Geschichte der Religion und Philosophie in Deutschland*, 1835)が最初にフランス語で『両世界評論』

に三度に分けて発表されたのが一八三四年であったことを忘れるべきではない。Heinrich Heine, "De l'Allemage depuis Luther," 1er〜3e parties *la Revue des Deux Mondes*, 3e série(janv. oct. déc., 1834). 発表媒体からしても、トクヴィルがハイネを読んでいた可能性は高い。〕

境遇がより平等になり、人間一人一人が他のすべての人と似通ったものとなり、誰もが力を弱め、一層ちっぽけになるにつれて、人は市民を思い浮かべず、ただ人民だけを考察することに慣れてしまう。個を忘れて種のことしか考えないのである。

このような時代には、人間精神はたくさんの異なる対象をいっぺんにひとまとめにしようとし、無数の結果をある一つの原因に帰することはできまいかと絶えず願う。

一体性の観念に執着し、精神はなにごとにつけこれを探し求め、これを見つけると喜んでその中に身をくつろげ、安心する。世界に創造と創造者しか見出さなくなるだけではない。事物のこの第一の区別さえ窮屈に感じ、精神は思考をさらに拡大し、単純化して、神と宇宙とを唯一つの全体に包みこむ。世界の内にある物質的なものと精神的なもの、見えるものと見えないものとは、ある広大無辺な一つの存在の異なる部分にすぎず、これを構成するすべては常に変化し、絶えず変容する中で、その存在だけが永遠にあり続けると考えるような哲学体系に出会ったとするならば、私は容易にこう結論するだろう。そのような哲学体系は人間の個性を破壊するにもかかわらず、あるいはむしろ、まさにそうであるがゆえに、デモクラシーに生きる人々にとって隠れた魅力をもつであろうと。彼らの知性のあらゆる習慣がこの体系を理解する用意を整え、これを採用する道へ彼らを向かわせる。それは人々の想像力を自然にひきつけて離さない。彼らの精神の誇りを膨らませ、その怠惰におもねる。

宇宙を説明しようとして哲学が依拠するさまざまな体系の中で、汎神論は私には民主的世紀において人間精神を誘惑するのにもっとも適したものの一つのように思われる。人間の真の偉大さになお心を奪われているすべての人が力を合わせて戦うべきは、汎神論に対してである。

# 第八章　平等はどのようにしてアメリカ人に人間の無限の完成可能性の観念を吹き込むか

平等は人間精神にそれなくしては浮かばなかったはずの観念をいくつか吹き込み、以前からあった観念もほとんどすべて修正する。例として人間の完成可能性の観念をとってみよう。というのも、これは人間の頭脳が思いつく基本的な観念の一つだが、今日それだけで一つの大きな哲学思潮を形成し、その帰結が実生活に刻々現われているからである。

人間は多くの点で動物に似ているが、ある一つの特徴は人間にのみ固有である。人間は自己を改良するが、動物はしないという点である。人類はその始めからこの相違を見ずにはいられなかった。完成可能性の観念はだから世界とともに古い。平等がこれを生んだのではないが、平等はそれに新しい性格を付与する。

市民が身分・職業・出生によって分類され、誰もが偶然によって入り口に立たされた自分の道をたどるほかないとき、人はみな人間の力の最終的限界を自分自身のすぐ近くに認め、抗し難い運命に戦いを挑むものはいない。もちろん貴族制の国民は人間が自己を改良する能力をもつことを完全に否認するわけではない。ただ彼らはその能力に限界がないとは見なさない。改善は考えても変革を考慮することはない。社会の状態がより良くなるとは想像しても、別のものになるとは思わない。そして、彼らは人類が過去に大きな進歩を遂げ、さらになおいくらかの進歩をなす余地があるとは認めるにしても、はじめから人類を超えることのできない一定の限界の中に閉じ込めてしまう。

彼らはだから至高の善や絶対の真理に達したとは決して信じない。(そんなことを想像するほど無分別な人間や国民がこれまであっただろうか。)むしろ、完全ならざる人間の本性が許す限りの偉大さと知識の水準に近づいたことで納得しようとする。そして、周りに何も動くものがないので、とかくすべては所を得ていると思い込む。このとき、立法者は永遠の法を公布すると称し、国民も国王も後世に残る歴史的建造物しか建てようとせず、現在の世代は将来の世代がとるべき道を自己決定する余地を残さぬように努める。

カーストが消え、諸階級が互いに近づき、人々は雑然と混じり合い、慣行、習慣、法律も変化する。新たな事態が生起し、新しい真理が明らかとなり、古い意見は消え去って別の意見が取って代わる。こうした事態の進行につれて、人間精神に一つの理想的完成のイメージ、ただし追いかけても常にそれは逃げていくというイメージが浮かぶ。

このとき、誰もの目の前で途切れることのない変化が刻々起こる。ある変化が自分の地位を悪化させれば、国民も個人もどんなに知識があっても無謬ではないことを人は痛切に自覚せざるを得ない。他の変化によって状況がよくなれば、そこから人間は一般に完成への無限の能力を授かっているという結論が出される。逆境は人に絶対の善を発見したと自惚《うぬぼ》れることは誰にもできないことを教え、成功は飽くことなきその追求に人を駆り立てる。こうして人はつねに完全を求めて、躓《つまず》いては起き上がり、時に失望はしても決してあきらめずに、人類が今後進むべき長い道程の果てにおぼろに見える限りなき栄光に向けてやむことなく進む。

人間は無限に完成可能であるというこの哲理からどれほど多くの事実が自然に生じるかは信じ難いものがあり、行動に忙しく思想に何の関心もないのに、知らずにその行動をこの哲理に合わせている人々に及ぼす甚大な影響も計り知れない。

あるアメリカの船員に会って、彼の国の船はどうして長持ちしないように造られているのかと尋ねたことがある。すると、彼はためらうことなく、航海術が日々急激に進歩しているので、最上の船でも数年も使えばほとんど使い物にならなくなるだろうと答えた。

偶然の機会に、一人の無教養な男が特定の事実について漏らしたこの言葉の中に、私は一国の人民全体が何事の処理に当たっても従う普遍的体系的観念を見出す。

貴族制の国民は自然、人間の完成可能性にあまりにも狭い限界を付しがちであり、民主的国民は時としてこれを途方もなく拡大する。

## 第九章　アメリカ人の実例は民主的国民が学問、文学、芸術への適性を欠き、その趣味をもたない証明にならないのはどうしてか

今日の文明諸国の人民の中で、合衆国ほど高度な学問が発展せず、偉大な芸術家、すぐれた詩人、著名な作家を輩出することの少ない国はあまりない。この点は認めねばならない。

ヨーロッパ人の中には、この有様に衝撃を受けて、これを平等の当然で避けられない結果とみなしたものがある。この人々は、民主的な社会状態と制度がひとたび地上全体に広がるようなことがあれば、人間精神は自らを照らす光が次第に消えていくのを目撃し、人間は再び闇の中に落ちていくであろうと考えた。

私の考えでは、このように推論する人は、区別し、別々に検討することが大切ないくつかの観念を混同していると思う。彼らは民主的なものとアメリカ的なものとを意図せずに一緒にしているのである。

最初の移住者たちが信じ、子孫に残した宗教は簡素な礼拝形式を守り、信条は厳格にしてほとんど荒々しく、外面的な飾りや壮麗な儀式を敵視したから、当然のことながら

美術に好意をもたず、すすんで文芸の楽しみを認めることもなかった。

アメリカ人は非常に古くからあって、知識の開けた人民が新しい広大な土地に出会い、そこに思うままに拡がってこれを苦もなく沃野《よくや》とした人々である。これは世界に例のない事態である。アメリカでは、だから誰もが自分の財産をつくり、増やす可能性を、他のどこにもないほど見出した。金銭欲はつねに旺盛で、人間精神は一時たりとも想像を広げる楽しさや知性の働きに惹かれず、ひたすら富の追求に向かう。他のあらゆる国と同様に、合衆国にも工業階級、商業階級があるというだけではない。いまだかつてなかったことに、そこではすべての人がみな同じように商工業に従事しているのである。

それでも、私は、もしアメリカ人が父祖の獲得した自由と知識、彼らに固有の情熱を失わずにこの世界に単独で存在していたのであったならば、彼らといえども遅かれ早かれ、理論を育てずして長期にわたる学問の実用の発展はなしえないことに気づいたであろうと確信する。あらゆる技芸は相互に関係しあって完成するものであり、アメリカ人がその欲望の主要な目標の追求にどんなに没頭していても、やがては彼らも、よりよい成果を収めるために時には目先の目標を離れる必要があると認めるであろう。私はそう信ずる。

それに精神の快楽を好む気持ちは教養ある人間の心に自然に備わっているものだから、

文明諸国でそうした喜びを追うことの最も少ない国民の中にも、これを好む市民がつねにいくらかは存在するものである。ひとたび意識されれば、こうした知的欲求はいずれ満たされずにはいない。

だが、アメリカ人が彼らの生来の性向に従って、学問に個別の技術的応用と生活を楽にする手段しか求めぬ一方で、学識を誇り文芸を好むヨーロッパが真理の一般的源泉に繰り返し立ち返ることを引き受け、同時にまた、人間の快楽を満足させるあらゆる手段、人間の必要に役立つすべての手段の完成に努めていたのである。

旧世界の知識の進んだ諸国民の中でも、アメリカの住民は共通の起源と類似の習慣によって自分たちが固くつながっている一国民を特別視していた。この国民の中に著名な学者、すぐれた芸術家、偉大な作家を見出せば、知的財貨の宝の山を労せずして手に入れることができ、自ら宝を集める努力を払う必要はなかった。

私はアメリカをヨーロッパから切り離す考えには、両者を分かつ大洋の存在にもかかわらず賛成できない。合衆国の人民はイギリス人の一部が新世界の森林開拓に当たっているものであり、残りの部分はそれに対して、より余暇に恵まれ、生きるための物質的配慮を気にせず、考えることに集中し、人間精神をあらゆる方向に発達させることができるのである。

アメリカ人の状況は、だからまったく例外的であり、いかなる民主的国民も今後そうした状況におかれることはないと信ずべきである。彼らの起源はまったく清教徒的《ピューリタン》であり、習慣は商売一辺倒、住んでいる土地そのものが学問、文学、芸術の研究から彼らの知的関心をそらせている。ヨーロッパと隣り合っていることが、これらを研究せずとも野蛮に帰らずにすむことを彼らに許している。ここでは主要な原因しかあげることはできなかったが、数多くの要因が与《あずか》って、アメリカ人の精神を純粋に物質的なことがらを考えるように異様なまでに集中させた。情念と欲求、教育と状況、実際すべてが合衆国の住民の目を地上に向けるのに力を合わせているように見える。宗教だけが、時折、移ろいやすく気のない視線を天上に向けさせることがあるだけである。

それゆえ、アメリカ人の姿ですべての民主的国民を見るのをやめ、それぞれの固有の特徴をもった顔を描くことにしよう。

カーストも位階制も階級もなく、法律が特権をいささかも認めず、相続財産を均分し、それでいて知識も自由もない、そういう人民を考えることはできる。これは空虚な仮定ではない。専制君主は臣民を平等でかつ無知にしておくことに利益をもつ。そうした方が、奴隷のままにしておくのに苦労がないからである。

この種の民主的国民は単に学問、文学、芸術に何の適性も趣味も示さないというだけでなく、いつになってもそのようなことは決して起こらないと信ずべきである。

世代が代わるたびに相続法の規定自体によって財産が失われ、新たな財産をつくるものもないであろう。知識も自由もない貧乏人は努力して金持ちになろうという思いすらなく、金持ちは自らを守る術を知らずに貧困に身を落としていくであろう。やがてこの二人の市民の間には完全で抗《あらが》い難い平等がうち立てられるであろう。そのとき知的な労働と快楽に耽《ふけ》る時間と趣味をもつものは一人もなくなる。そして誰もが同じ無知と等しい隷属の中にまどろんだままであろう。

この種の民主社会を想像してみると、暗くて息がつまる低地、外から射す光もすぐに弱まって消えてしまう低い場所にいるような気になる。急激な重力で動きがとれず、外気と陽光につながる出口を探しても、周囲の闇から一歩も出られぬように思われる。だが、すでに知識の蓄積のある人々が、自由を保持したままで、財産を特定の個人、特定の団体にいつまでも独占させてきた特殊な世襲的諸権利を廃止した場合には、以上のすべては当てはまらない。

民主社会に住む人々の知識が開けているときには、自分たちを制限し固定させるもの、現有財産に満足することを強いるものは何もないことに容易に気づく。

そこで誰もが財産を増やそうと思い、もし自由があれば、誰もが実際にそれを試みるが、すべての人が同じように成功するわけではない。たしかに法律はもはや特権を認めないが、自然がこれを付与する。自然の不平等は非常に大きいから、各人がそれぞれ自分のあらん限りの力を振るって金持ちになろうとしたそのときから、財産は不平等になりだす。

相続法は依然として裕福な家系の成立の障害になるが、金持ちの存在の妨げにはならない。市民は相続法によって絶えずある共通の水準に引き戻されるが、そこからまた絶えず離れることにもなる。知識が広がり、自由が大きくなるにつれて、人々は財産においてはより不平等になる。

近年、才能と突飛な言動で有名なある教派〔サンシモン主義者〕が設立され、あらゆる財産を中央権力の手に集め、然る後に中央権力がこれをすべての私人に能力に応じて分配せよと主張したことがある。そうすれば、民主社会の脅威と思われる完全で恒久的な平等から逃れられようというのである。

より単純で危険の少ない対策がもう一つあり、それは、何人《なんぴと》にも特権を認めず、万人に等しい知識と独立を与え、各人が自力で地位を得るのに任せることである。そうすれば、自然の不平等がいずれ現れ、富はより有能な人々の手にひとりでに移っていくであろう。

民主的で自由な社会の中には、だから、富裕で余裕ある人々がいつも沢山いるであろう。これらの金持ちたちの間に、かつての貴族階級の成員のような固い結びつきはないだろう。別の本能をもち、貴族たちのように完全な余暇を確実にもてるわけでもないが、かつて貴族階級を構成する人の数が限られていたのに比べ、数ははるかに多い。こうした人々は生活の物質的関心に固く閉じこもったままではいるまい。程度の差はあれ、知的な仕事に打ち込み、知的な喜びに浸る余裕が彼らにはあり、事実そうするであろう。というのも、人間精神は一方で有限なもの、物質的なもの、役に立つものに傾くのは事実だとしても、他方で、無限のもの、精神的なもの、美しいものを求めて立ち上がるのもその本性だからである。自然の必要によって精神は地上につながれているが、一度その縛りがなくなれば、精神はひとりでに立ち上がる。

精神的活動に興味をもつ人の数が多くなるだけではなく、知的享楽を求める趣味が次第に下降し、貴族社会にあってはそんなことに打ち込む時間も能力もないような人々にまで広がるであろう。

世襲の富、階級の特権、生まれの特典がもはやなく、誰もが自分自身からのみ力を引き出すとき、人々の幸不幸の主要な相違は知性にあることがはっきりする。知性を強化し、拡大し、飾り立てるのに役立つものはすべて大きな報酬をすぐにもたらす。

知の効用は大衆の目にこの上なくはっきりと映る。知の魅惑に惹かれぬものもその効果は高く評価し、知識を得るためになにがしかの努力をする。

知識が開けて人間が自由な民主的世紀にあっては、人と人とを隔て、人をおかれた場所に縛りつけるものはなにひとつない。人々は異様な速さで上昇し、また下降する。あらゆる階級は互いにごく身近だから、絶えず出会っている。毎日話を交わし、混じり合い、互いに真似し、羨ましがる。このことが人民に、身分が固定し社会が不動であったときにはとうてい思いつかなかったような多くの考え、観念、欲求を吹き込む。このような国では、召使も主人の娯楽や仕事は自分にまったく縁がないとは考えず、貧乏人も金持ちの仕事と娯楽を無縁とは思わない。農夫は町の人のように、田舎は大都会のようになろうと努める。

このように、誰もが生活の物質的顧慮だけに閉じこもるのを潔しとせず、しがない職人も時々は、高尚な知的世界に物欲しげな視線をひそかに投げる。貴族的な国民におけるように誰もが同じ精神で、同じように本を読みはしないが、読む人の数は絶えず増え、最後には市民全体に及ぶ。

大衆が精神労働に関心をもちだしたその時から、なんらかの精神労働における卓越は栄光と権力、また財産を得る一つの大きな手段であることが明らかになる。平等が生ぜしめる落ち着かぬ野心は他のあらゆる方面と同じくこの方面にもすぐに向かう。学問、文学、芸術を学ぶ人の数は膨大になる。知的世界の活動は驚くべき活況を呈し、誰もがそこで成功への道を開こうとし、公衆の注目をひこうと努める。合衆国で政治社会に起こっている事態になにほどか似たことがそこに生じるのである。作品はしばしば不完全だが、その数は多くなり、個人の努力の成果は通常とても貧弱だが、全体の結果はつねに非常に大きい。

それゆえ、民主的な世紀に生きる人々が本来学問、文学、芸術に無関心だというのは正しくない。ただ、彼らは彼らの流儀でこれらを学び、彼らに固有の長所と短所をこの方面にもち込むことは認めねばならない。

# 第一〇章　アメリカ人はなぜ理論より学問の実用にこだわるのか

民主的な社会状態と諸制度が人間精神の発展を止めることはないにしても、少なくともある特定の方向にこれを導くことは否定し難い。このように限定されるにしても、それらの影響はなお非常に大きいので、しばしこの点の考察に筆を止めても許されるであろう。

われわれはすでにアメリカ人の哲学の方法に関連していくつかの指摘をしたが、ここでそれを役立てねばならない。

平等は人間一人一人の心の中にすべてのものごとを自分で判断しようとする意欲を育てる。万事に触知しうるもの、実在するものを好み、伝統と形式を軽んずる考えを植えつける。こうした一般的な本能は本章が特にとりあげる対象において格別著しい。

民主的国民にあって学問に携わる人々は空想に陥ることをいつも恐れる。彼らは体系を疑い、事実に密着して自分の目でこれを研究しようとする。同学の誰の名前にも簡単に屈することはないから、大家の言葉を盲信する気には決してならない。それどころか、大家の理論の弱点を絶えず探そうとしている。学問的伝統は彼らの上にほとんど力をもたない。一つの学派の煩瑣《はんさ》な議論に長くはこだわらず、大袈裟《おおげさ》な言葉は効き目がない。彼らはなし得る限り関心ある対象の主要部分に迫り、普通の言葉でこれを表現しようとする。このとき学問はより自由でより着実な足取りで進むが、高踏的ではなくなる。

学問はその精神によって三つの部門に分けることができるように思われる。

第一はもっとも理論的な諸原理、もっとも抽象的な諸観念を内容とし、そうした原理や観念には応用の余地がなく、あっても実用には程遠いものである。

第二のものはなお純粋理論と結びついてはいるが、直接かつ簡単に実用につながるような一般的真理から構成される。

応用の仕方と実施の方法が第三の部門の中身である。

学問を構成するこれらの部門はそれぞれ別個に研究されうるが、どの一つといえども他の二つから完全に切り離してしまうと、長期にわたって発展し得ないことは理性と経験が示している。

アメリカでは、諸学の純粋に実用的部分は素晴らしく進んでおり、理論的な部分でも応用に直接必要なものは入念に研究している。アメリカ人はこの方面ではつねに明敏にして自由な精神、独創的で豊かな才気を示す。だが、合衆国には人知の本質的に理論的抽象的な部門の研究に打ち込む人はほとんどいない。アメリカ人はこの点で、程度はそれほどでなくとも、おそらくどんな民主的国民にも見られるであろう傾向を極端に示している。

高等諸学、あるいは諸学の高尚な部分を研究するのに深い思索ほど必要なものはない。ところが民主社会の内部ほど深い思索に適さぬところはないのである。貴族制の国民にあっては、多くの人々からなる一つの階級が生活に余裕をもって静かに暮らす一方、生活の向上をあきらめてじっとしている別の階級があるものだが、民主社会にはそのどちらも見当たらない。誰もが忙しく動いている。あるものは権力を手に入れようとし、他のものは富を獲得しようとして。このように喧騒《けんそう》が全体に広がり、対立する諸利害が衝突を繰り返し、人々が幸運を求めて歩き続けるところで、深く思索をめぐらすのに必要な静けさがどこにあるだろう。周囲のすべてが揺れ動き、自分自身もまた万物を運び去る凄まじい奔流に毎日のみこまれ、もてあそばれているときに、ある一つの点をゆっくり考えることがどうしてあろうか。

たしかに静穏ですでに確立されたデモクラシーにみなぎる恒久的な動揺を民主社会の誕生と成長にほとんど常につきまとう混沌として革命的な運動からきちんと区別する必要はある。

文明の進んだ国民に暴力的な革命が起こると、感情と思想に急激な衝撃を与えずにはいない。

これはとりわけ民主革命に妥当する。この革命はひとつの国民を構成するすべての階級を同時に揺り動かし、一人一人の市民の心の中にいっせいに無限の野心を植えつける。

フランス人が精密科学において突如あの驚くべき進歩を示したのは、まさに古い封建社会の残滓《ざんし》を破壊し終えたそのときであったが、このように豊かな成果が突然生まれた原因はデモクラシーに求めるべきでなく、その発展に付随した前例のない革命に帰さねばならない。このとき起こったことは特別な事態であって、そこに一般法則の現われを見るのは慎重を欠くというものであろう。

大きな革命が他の国民以上に民主的国民に頻繁に起こるわけではない。私はむしろより稀《まれ》だという考えに傾いている。ただ、民主的諸国の中には煩わしいあるかすかな運動が広がって、人々は絶えずある種の変転にさらされており、そうした動きは精神を苛立たせ、拡散させるばかりで、これを鼓舞し、高揚させることがない。

民主社会に生きる人々にとって沈思黙考は難しいというだけでなく、彼らは当然のようにそもそも考えることを重んじない。民主的な社会状態と諸制度はたいていの人々を不断の行動に駆り立てる。そして行動に適する精神習慣が常に思考に適するとは限らない。行動する人間はしばしばおおよそのところで満足せざるを得ない。細部まで一つ一つ徹底しようとすれば、計画をやり遂げるところまでいかないに決まっているからである。自分では暇がなくて深く考えたことのない観念に絶えず依拠するのも仕方がない。というのも、厳密に正しい観念に依拠することより、時機を失わずに観念を活用することの方がずっと大きな助けになるからである。そして、結局のところ、行動する人間にとっては、自分の従う原理のすべての正しさを確認するのに時間を費やすよりも、いくつかの誤った原理を利用する方が危険は少ない。世の中は長大な学問的論証によって動いているわけではない。個別の事実のすばやい把握と大衆の移ろいやすい情念についての日々の観察、時の偶然と好機を逃さぬ巧みさ、これらがすべての問題を決定する。

ほとんどすべての人が行動する世紀には、だから人は一般に早い頭の回転と皮相な思いつきを過大に評価しがちであり、深遠で時間のかかる精神活動は逆に極度に軽視される。

こうした世の中の考え方は学問研究に携わる人々の判断にも影響する。それに引きずられて彼らは深い考察なしに学問ができると思い、どうしてもそれが必要な学問分野を敬遠する。

学問研究にもいろいろなやり方がある。多くの人々は利己的な動機から、すなわち金儲けや仕事のために知的発見に意欲を燃やすのであり、こうした意欲を少数の人間の心の中に燃える真理への私心なき情熱と混同してはならない。知識を利用しようとする欲求と認識への純粋な欲求とがあるのだ。長い間には、若干の人々のうちに真理を愛する熱烈で尽きることのない欲求が生まれ、それはひとりでに育って、どこまでも満足せずに絶えず活発であろうことを私は疑わない。真実に対するこの熱烈で誇り高く、私心なき愛こそが人間を真理の抽象的源泉に導き、そこから根源的な諸観念を引き出させるのである。

仮にパスカルが何か大きな利益を得ることとしか考えず、いや、ただ栄誉を望んでいただけだったとしても、彼が実際にそうしたように、知力の限りを尽くして造物主の最奥の秘密を明らかにしえたとは、私には信じられない。彼がこうした研究に専心すべく自分の魂をいわば現世の雑事から切り離し、魂を肉体につなぐ絆をあまりにも早く断ち切ったがために、四十歳を出でずして老いさらばえて死んでしまったことを思うとき、私は愕然《がくぜん》とし、尋常な原因がこれほどに異常な努力を生むはずのないことを理解する。

かくも稀有《けう》にしてかくも実り多き情熱が、民主社会の中でも貴族制におけると同じように生まれ育つものかどうか、それは未来が示すであろう。私としては、そう考えるのは難しいと白状しよう。

貴族社会では、世論を導き政治を動かす階級は大衆のはるか上に恒久的世襲的な地位を占めているから、自然、自分自身と人間について尊大な思いをいだく。何ごとにつけ身に栄誉を受けることを想像し、欲求に壮大な目標を設定する。貴族階級はしばしば暴虐で非人間的な行為に走るが、低劣な思いにとらわれることは滅多になく、卑小な快楽に耽りつつも、これに対してある種の傲慢な侮蔑を示す。このことはすべての人々の魂を大いに高める。貴族制の時代には、人は一般に人間の尊厳と力と偉大さを非常に大きく見積もる。こうした考えは他の人々と同じように学問に従事する人たちにも影響を及ぼし、精神が思考のもっとも高尚な領域に向かって自然に飛翔するのを促し、真理への崇高でほとんど神聖な愛をいだかせる。

こうした時代の学者たちはだから理論に惹かれ、往々にして軽率にも実用を軽蔑することさえある。プルタルコスは言っている。「アルキメデスは高尚な心をもっていたので、これらすべての武器の製法を書き残すことを潔しとしなかった。そして機械を発明し組み立てる学問、一般に実用に供することがなんらかの利益につながるような技術は、これをすべて卑しく低俗で金銭ずくのものとみなし、彼の精神と学問を必要性と何の関わりもない美と精妙を示す事物の記述のためにのみささげた。」ここにこそ学問の貴族的な目標がある。

〔プルタルコスからの引用は『英雄伝(対比列伝)』マルケルススの項一七にある文章。河

野与一訳、岩波文庫版第四巻一六二ページ。ただし、訳文はトクヴィルによる仏語引用から訳した。〕

民主的諸国にあっては同じようにはならぬであろう。

これらの国を構成する人々の大部分は今現在の物質的享楽を貪欲《どんよく》に求めており、しかも自分のおかれている地位に常に不満をいだき、いつでも自由にそこから離れられるから、財産を取り替え、あるいは増やす手段のことばかり考えている。このような精神傾向の人々にとっては、どんなものであれ、富への最短の道を開く新たな方法や労働を短縮する機械、生産コストを削減する道具や快楽を刺激し増幅する発見は、すべて人間の頭脳の最も素晴らしい成果のように見える。民主的諸国の人民はもっぱらこの方面で学問に熱中し、これを理解し尊重する。貴族制の世紀に人が学問にとりわけ求めるのは精神の満足だが、デモクラシーにあっては肉体の満足である。

ある国民が民主的になり、知識が開け自由になればなるほど、学問的才能をこのような観点から評価する人間の数が増え、産業に直接応用できる発明発見は発明者にますます多くの利益と栄誉、いや権力をさえもたらすことになると考えてよい。なぜなら、民主制においては労働階級が公共の事務に関与し、この階級に奉仕するものはそこから金銭と名誉をともに受けることを期待できるからである。

容易に理解できることだが、このように組織された社会では、人間精神は知らぬ間に理論を軽視することになる反面、応用、少なくとも、理論の中でも応用する人に不可欠な部分に向けて、比類のない力で駆り立てられるに違いない。

人間に本来備わった傾向が知性の最も高尚な領域に精神を高めようとしても空しい。利害がこれを中間領域に引き戻す。この中間領域こそ、精神が力を発揮し、落ち着かぬ活動を繰り広げ、そして見事な成果を生むところである。力学の一般法則の一つとして発見したことのないアメリカ人が、航海術では世界の海を一変させた新しい機関を導入した。

もちろん、私は現代の民主的諸国民は人間精神の崇高な輝きが消えるのを見る運命にあるとも、まして、これらの国民にあってそれが今一度輝きを増すはずがないとは主張しない。世界がいま入りつつあるこの時代、多くの文明諸国が不断に産業の熱にうかされているときに、学問のさまざまな部分を相互に結びつける絆が人の注目をひかぬはずがない。実用に対する好みでさえ、開明されるならば、決して理論を軽んじないように人を導くに違いない。応用の試みがこれほど多くなされ、実験が毎日繰り返されている中で、一般法則が滅多に見出されないということはありそうにない。したがって、たとえ偉大な発明家は稀だとしても、大きな発明発見は頻繁になされるであろう。

それに私は学問の崇高な使命を信じるものである。たとえデモクラシーが人を学問それ自体のための研究に向かわせないとしても、他方でそれは研究に携わる人間の数を途方もなく増大させる。これほど数多い人々の中から、ただ真理への愛のみに燃える思弁の天才が時に生まれてくることがないとは信じられない。そうした天才は、彼の国と時代の精神がどうあれ、自然の最奥の秘密を明らかにしようと努めると確信してよい。彼の才能の羽ばたきに手をかす必要はない。これを抑止しなければよいのだ。私が言いたいのは次のことに尽きる。すなわち、境遇の恒常的な不平等は、抽象的真理を求める誇り高くはあるが実り少ない研究に人を閉じこもらせ、それに対して、民主的な社会状態と諸制度は、学問に直接役に立つ応用だけを求める態度に人を向かわせるのである。

これは自然で避け難い傾向である。これを知ることは興味深く、これを示すことは必要であろう。

現代の諸国民の指導を任された人々は、遠からず抗し難くなるであろうこれらの新しい本能を明確に早くから認識するならば、次のことを理解するであろう。すなわち、知識と自由の進展とともに、民主的世紀に生きる人々は必ずや諸学の実業的部分を完成させるに違いなく、今後社会の努力はすべて高度な学問を支え、偉大な学問的情熱を育てることに集中すべきであるということである。

今日必要なのは人間精神を理論にひきとめることである。それはひとりでに実用に走るのだから、学問の副次的な効果の詳細な検討に絶えず引き戻すどころか、時には精神をそこから引き離し、根本原因の考察にまで高めるのが望ましい。

ローマの文明が蛮族の侵入の後に滅びたことから、われわれはおそらく、文明は他の原因では滅びるはずがないと思い込みすぎている。

われわれを照らす文明の光がいつか消えることはないにしても、少しずつひとりでに暗くなることはあるかもしれない。応用に閉じこもってばかりでは、原理を見失い、原理をすっかり忘れては、そこから引き出される方法に従うことは難しくなろう。新たな方法をつくり出すことももはや叶わず、自分の理解できない精妙なやり方を知恵も技術もなしに利用することになるであろう。

三〇〇年前、ヨーロッパ人が中国に上陸したとき、彼らはそこでほとんどあらゆる技術が一定の完成に達していることを見出したが、この地点に達した中国人が、それ以上少しも進まぬようであるのに驚いた。その後、すでに失われてしまったいくつかの高等知識の痕跡も発見した。その国の産業は盛んであり、科学的方法の大半はそこに残っていた。だが、学問そのものはもはや存在していなかった。このことはこの国民の精神がそれまでどのように特異な停滞に陥っていたかの説明となった。中国人は父祖の残した道に従うあまり、父祖を導いた道理を忘れてしまったのである。彼らは学問の公式を利用していたが、その意味を問おうとはせず、道具はもっていても、これを改良し、再生産する技術はもはや手になかった。中国人はだから何一つ変えることができなかったのである。彼らは改良を諦めねばならなかった。父祖のひいた道から一瞬でも逸脱して、計り知れない暗闇に投げ込まれはしないかと恐れて、彼らは何事につけ常に父祖を模倣することを余儀なくされていた。人間の知識の泉はほとんど涸れていた。川はまだ流れていたとしても、水量を増し、コースを変えることはもはやできなかった。

それでも中国は何世紀も平和に存続していた。征服者は中国の習俗を採用し、そこには秩序が支配していた。あらゆる面にある種の物質的繁栄が認められた。革命は稀であり、戦争はなきに等しかった。

それゆえ、蛮族はまだ遠くにいると考えて安心してはならない。文明の火を奪われる人民もあれば、自分の足でこれをもみ消してしまう人民もあるからである。

# 第一一章　アメリカ人はいかなる精神のもとに芸術を育てるか

財産が一般にささやかで余剰がなく、安楽の欲求が万人に広がって、誰もがこれを手に入れようと絶えず懸命に努力するような状況は、人の心の中で美を愛する心よりも効用を好む気持ちを優越させる。どうしてそうなるかをいちいち示すのは読者と私の時間の浪費だと思う。民主的な国民にはこうした事態がすべて見られ、したがって彼らは生活を美しく飾ることを目的とする芸術よりも生活を楽にするのに役立つ芸術を好んで育てるであろう。彼らは習性として美しいものより役に立つものを好み、美的なものが同時に有益であって欲しいと願う。

だが、さらに進んで、第一の指摘に続き、他のいくつかの特徴を素描してみよう。

特権の世紀には、通例、ほとんどすべての芸術作業は一つの特権となっており、それぞれの職業が一個の別世界をなして、誰もが自由にその仕事に入れるわけではない。たとえ営業の自由があるとしても、貴族制の国に特有の停滞性のために、ある一つの芸術に携わるすべての人々は結局一つの明確な階級を形成することになり、その構成員はいつも変わらぬ諸家族であり、皆知り合いで、やがてそこに団体としての世論と誇りが生まれる。この種の職業集団にあっては、職人は誰でも金を稼ぐだけでなく、評判を維持しなければならない。行動の基準は彼の利益でも顧客の利益でもなく、団体の利益である。そして団体の利益は職人一人一人が傑作をつくるところにある。貴族的な世紀には、芸術の目標はだからできる限りよいものをつくることであって、もっとも迅速にということでも、もっとも廉価にということでもない。

逆にどんな職業も万人に開かれ、無数の人々が絶えずある職業に就いてはまた離れ、仕事仲間といってもさまざまで、数が多いために互いに見知らず、無関心で、ほとんど目に入ることもないとなると、社会のつながりが崩れて、労働者は皆一人きりになり、最小のコストで最大限の金を稼ぐことしか求めない。彼を抑制するものは消費者の意向だけである。ところで、この消費者の側にも、対応する革命が同時に生じている。

権力とともに富も少数の人々の手に集中し、その外に出ない国においては、地上の財物の大半は常に変わらぬ限られた数の人々の占用するところとなる。それ以外のすべての人々は貧しく、考え方も違い、欲求もつましいから、そこから遠ざかる。

この貴族階級は縮小することも拡大することもなく、その栄光の座は不動のものであるから、常に同じ欲求をいつも同じように感ずる。これを構成する人々は高い地位を世襲的に占めているから、自然、精巧に作られ長持ちするものを好むようになる。

このことは芸術作品についての国民の考えにある一般的な特徴を付与する。

こうした国民にあっては、しばしば、百姓でさえできの悪いものしか入手できないくらいなら、欲しいものをあきらめてしまうことがある。

貴族制にあっては、職人はだから限られた数の、滅多に満足しない顧客のためだけに働く。彼がどれだけの収入を期待するかはもっぱら製品の出来栄え次第である。

あらゆる特権が廃され、諸身分が混じり合い、誰もが社会の階梯を絶えず下降してはまた上昇する時代には、事情は同じではない。

民主的な国民の内部には常に、家産を分割し、減少させている多くの人々がいる。この人々は恵まれていたときに身につけたいくつかの欲求を、これを満たす余裕がなくなった後ももち続け、欲しいものを手に入れる何か別の手立てはないものかと探して焦っている。

他方で、デモクラシーにあっては常に非常に多くの人々が財産を増やしているが、その欲望は財産以上に急速に増大するから、彼らは財産が将来に約束する財物を実際に獲得するずっと前から物欲しげに見つめる。これらの人々はこうした手近な享楽をより早く味わう近道はないか、至るところを探す。この二つの原因があいまって、デモクラシーの中には常に自分の力以上の欲望をもつ市民が無数にあり、これらの人々は出来の悪いもので我慢することに同意はしても、欲しいものを諦めることは決してない。

職人もこのような情熱を簡単に理解する。彼ら自身、これを共有しているからである。貴族制にあっては、職人は製品を少数のものに非常な高値で売ろうとした。彼は今や理解する。金を儲けるにはもっと便利なやり方があり、それは万人に安く売ることであるということを。

ところで、商品の価格を引き下げるには二つのやり方しかない。

第一はよりよい生産手段、より迅速でより巧妙な製法を発見することである。第二はほぼ均質だが、品質の悪い物品をより大量に製造することである。民主的国民にあっては、職人はその知力をすべてこの二点に向ける。

彼は単によりよいというだけでなく、迅速で経費のかからぬ作業法を編み出そうと努め、それがうまくいかないと、製品の品質自体を使いものになる範囲で落とそうとする。金持ちしか時計をもっていなかったとき、時計はほとんどすべて素晴らしいものであった。今ではありふれたものしかほとんどつくられないが、誰でも時計をもっている。このように、デモクラシーは単に人間精神を役に立つ芸術の方に向かわせる傾向があるだけではない。職人には不完全なものを数多く即席につくらせ、消費者はそれに満足するように仕向けるのである。

デモクラシーでは、必要があってもすぐれた作品がつくられることはあり得ないというのではない。時間と労力にしかるべき報酬を支払うことに同意する顧客が現われるときには、それはしばしば実現する。ありとあらゆる産業がせめぎ合って競争に際限がなく、斬新な試みが無数になされるうちには、自分の仕事の極北に至るようなすぐれた職人が生まれてくる。だがこうした人たちが能力を発揮する機会は滅多にない。彼らは注意深く労力を節約し、賢明なる凡庸の水準にとどまる。この水準に従って、能力の限界を自分で決め、自分で決めた目標を超える力があるのに、手の届く目標しか目指さない。貴族制の社会では、逆に、職人は常にその為し得る限りを尽くす。立ち止まるのは彼らの知識が底をついたときである。

ある国に到着して、いくつかの素晴らしい工芸品がつくられているのを見ても、その国の社会状態と政治構造について何も教えはしない。だが、工芸品が一般に完成度を欠き、数は非常に多く廉価であることを認めたならば、私は、こうした事態の起こる国民にあっては、特権が弱まり、諸階級は混じり合いだし、遠からず区別がなくなるであろうと確信する。

民主的な世紀に生きる職人たちは彼らの有用な製品を市民の誰もが買える価格にしよ

うとするだけではない。すべての製品に実際にはそれがもっていないすぐれた品質を与えようとする。

あらゆる階級が混じり合うときには、誰もが現実の自分と違う外見を装うことができると思い、立派に見せることに成功しようと精魂を傾ける。デモクラシーがこの感情を生むわけではなく、それは人間の心にあまりにも自然な感情に過ぎない。だがデモクラシーはこの性向を物質的な対象に向ける。美徳を装う偽善はいつの時代にもあるが、贅《ぜい》を装う虚飾は民主的な世紀に特有なものである。

人間の虚栄心のこの新たな要求を満たすために、工芸技術はあらゆる欺瞞《ぎまん》に訴える。時には産業がこの方向に行き過ぎて、産業それ自体を害することもある。すでに真物《ほんもの》と見まがうほど完璧なダイヤモンドの模造品がつくられている。もはや真物からまったく区別できないような模造ダイヤの製法が発明されたときには、真物も贋物《にせもの》も放り出され、ダイヤモンドはただの小石に戻るかもしれない。

このことは私を芸術の中でも特に美術といわれるものについて語らせる。

私は民主的な社会状態と諸制度が必然的帰結として美術品の制作に関わる人の数を減らすとは思わない。だが、それらの原因は美術品のつくり方に強い影響を及ぼす。以前からの愛好家の大半が貧しくなる一方で、まだ富裕には至らぬ多くの人が、人真似から美術品を好むようになるから、顧客全体の数は増大するが、大金持ちで趣味のよい消費者は稀になる。そうなると美術品においても、実用工芸について述べたときに私が示したのと似た現象が起こる。美術品の数は増えるが、個々の作品の質は低下するのである。もはや壮大なものを目指し得ないので、エレガントで奇麗なものを求める。実質よりも外見に傾くのである。

貴族制の下では少数の巨大画が描かれ、民主的な国では小さな絵が無数に描かれる。前者ではブロンズの像を建て、後者では石膏の像をつくる。

大西洋の一部だがイースト・リバーと呼ばれるところからニューヨークに初めて着いたときのこと、川沿いに街から少し離れて、白い大理石の小宮殿が相当数建っており、そのいくつかは古代風の建築であるのを見て、驚いたことがある。ところが、翌日、前の日に私の目を特に引いたものをより近くで観察できるところまで来てみると、家々の壁は白いレンガで出来ており、円柱は色塗りの木で出来ていた。前の晩私が感嘆した建造物はすべてそうであった。

民主的な社会状態と諸制度は、さらに、あらゆる模倣芸術にすぐに指摘できる特有の傾向をいくつか付与する。芸術が魂を描くことを避け、肉体の描写に専念するように仕向け、感情と思想の表現を運動と感覚の表現におきかえ、ついには理想をおくべきところに現実をおくのである。

ラファエロが今日のデッサン画家のように人間の身体の細かい仕組みについて深く研究したとは思えない。ラファエロはこの点についての厳密性に彼らほど重きをおいていなかった。というのも、彼は自然を超えるつもりでいたからである。人間を人間以上の何かに描こうと欲し、美そのものをさらに美しくしようと試みたのである。

これに対して、ダヴィッドとその弟子たちはよい絵描きであると同時にすぐれた解剖学者であった。彼らは目の前にあるモデルを見事に再現したが、それを超えて何かを思い描くことは滅多になかった。彼らは正確に自然に従ったが、ラファエロはそれ以上のものを求めたのである。彼らはわれわれに人間の正確な肖像を残したが、ラファエロはその作品において神の姿を垣間見せてくれる。

私が描き方について述べたことは題材の選択自体にも応用できる。

ルネッサンスの画家たちは、通例、自分を超えるところやはるか昔の時代に彼らの想像力を大きく羽ばたかせる壮大な主題を求めた。われわれの時代の画家たちはしばしば、彼らが始終目にしている私生活の細部を正確に再現することに才能を傾け、自然界に原型があり余るほどある小さな対象をあらゆる側面から写している。

# 第一二章　アメリカ人はなぜあれほど小さな記念碑とあれほど大きな記念碑を同時に建てるのか

私は、民主的な世紀に芸術作品の数は多くなるが規模は小さくなる傾向があるといま述べた。この規則に対する例外を私自身急いで指摘したい。

民主的国民にあっては、個人の力は非常に弱い。だが、万人を代表し、万人を掌握している国家の力はきわめて強い。民主的国家におけるほど市民が小さく見えるところは他にない。そこにおけるほど国民全体が大きく見え、精神がこれを巨大に描きやすいところはない。民主社会では、自分自身を思い浮かべるとき、人々の想像力は萎縮する。国家を思うとき、それは無限に拡大する。そのため、狭い家でつましく暮らしている人たちが、しばしば、公共の記念碑となると、とたんに巨大なものを計画する。

アメリカ人は首都にしようとした場所に広大な都市の囲いを築いた。そこに住む人口は今はポントワーズ*と大して変わらないが、彼らによると、いつかは一〇〇万の住民が住むはずだという。すでに彼らは、この想像上の大都会の将来の住民が住みにくくならないように、一〇里四方の樹木を伐り払っている。街の中心には議会の所在地とするために壮麗な建物を建て、これにキャピトル**という仰々しい名前をつけた。

〔* ポントワーズはパリ西北の町。歴史は古いが、人口は今日でも三万人ほどである。
** ワシントンの連邦議会の建物を the Capitol、その場所を Capitol Hill と呼ぶのは、ユピテル神を祀ったローマのカピトリヌス神殿の所在地に因んだ命名である。〕

個々の州でさえ、毎日のように、ヨーロッパの大国の土木技師があっと驚くような壮大な計画を思いつき、実行している。

このように、デモクラシーは人々を無数の小品の製作に向かわせるだけでなく、数は少ないが巨大な記念碑を建立する気にもさせる。だが、この両極端の間には何もない。それゆえ、壮大極まりない建造物の遺跡がいくつか散在しても、それはこれらを建てた人民の社会状態と制度について何も語らない。

まして、そうした建物が人民の偉大さと知識、その真の繁栄をよく伝えているわけではない。私の主題から外れることだが、この点を付け加えておこう。

なんらかの権力が人民全体をある一つの事業に動員することに成功したときにはいつでも、知識はなくとも長い時間をかけて、なにか途方もなく大きなものを力を合わせてつくり出すに至るであろう。だからといって、この人民が非常に幸福で知識が進んでいるとか、まして、極めて強力であると結論すべきではない。スペイン人が見たメキシコの街は壮麗な寺院や広大な宮殿でいっぱいであったが、そのことは、コルテスが六百人の歩兵と十六頭の馬でメキシコ帝国を征服する妨げにはならなかった。

もしローマ人が水力の法則をもっとよく知っていたならば、彼らは都市の周囲に水道橋を建設することなど一切せず、その力と富をもっとうまく使っていたであろう。もし彼らが蒸気機関を発明していたならば、おそらく、今日ローマの街道と呼ばれる長い石畳を帝国の辺境まで延長したりしなかったであろう。

これらはローマ人の偉大さと同時に彼らの無知を証明する壮大な遺跡である。亡びた後に地中に埋めたいくつかの鉛管と地表の何本かの鉄路以外に何も痕跡を残さない人民がいたとすれば、その方がローマ人より自然の主人たり得たであろう。

# 第一三章　民主的な世紀の文学の姿

合衆国の書店に入って、書棚に並んでいるアメリカの本を調べてみると、書物の数は非常に多いように見えるが、名の知られた作家の数は逆にごく少ないように思われる。

まず目に入るのは人間としての基本的知識を与えるための初歩的な文献の数々である。こうした作品の大半はヨーロッパでつくられたものである。アメリカ人はこれを翻刻して彼らの用に供している。ついで、ほとんど無数の宗教書がある。聖書、説教書、聖者伝、教義上の論争書、慈善団体の報告書などがそれである。最後に政治的パンフレットがずらりと並んでいる。アメリカでは党派が論争のために書物を著すことは決してないが、小冊子が信じ難い速さで流通し、生まれては消えていく。

これら人間精神の名もなき所産の洪水の中から現れる立派な作品は、すべて、ヨーロッパ人によく知られ、またそうあって然るべき少数の作家の手になるものである。

おそらく、今日アメリカは文芸への関心がもっとも薄い文明国であるが、にもかかわらず、そこにも知的活動に興味を覚え、これを生涯の研究対象としないまでも、余暇の楽しみにする人々がたくさん存在する。だがこれらの人々に彼らの求める書物の大半を供給しているのはイギリスである。イギリスで出版された偉大な著作はほとんどすべて合衆国でも翻刻出版されている。英国文学の精髄はいまなお新世界の森の奥にまでその光を投げかけている。ほとんどどんな開拓者の小屋にも、シェークスピアの本がばらばらに何冊かはある。私は、ある丸太小屋の中で史劇『ヘンリー五世』を初めて読んだ時のことを想い出す。

アメリカ人は毎日イギリス文学の名作を読むだけではない。彼ら自身の地に見出す文学もイギリス文学であると言って誤りではない。合衆国で文学作品を書こうと思う数少ない人々の多くは根底においてイギリス人であり、それ以上に形式においてそうである。したがって、彼らはデモクラシーの中に彼らの手本とした貴族的な国民の文学思潮や文章作法をもち込む。彼らは外国の風習に借りた色彩で描写し、自分の生まれた国の現実をほとんど書かないので、人気を得ることは稀である。

合衆国の市民自身、本が出版されるのは自分たちに向けてではないことをよく知っているようで、彼らは、通例、アメリカの作家がイギリスで評価されるのを待って、その価値を定める。それは絵画の世界で、原画の作者に模写の値打ちを決めてもらうようなものである。

合衆国の住民はだから、厳密に言うと、まだ文学をもっていない。アメリカ人と認められる著作家はジャーナリストだけである。この人たちは偉大な作家ではないが、自分の国の言葉を話し、そこで読まれている。その他の作家は外国人にしか見えない。アメリカ人にとって彼らは、われわれにとってのルネッサンス期におけるギリシャ、ローマの作家の模倣者のようなもので、好奇心の的にはなっても広く共感を呼ぶ対象ではない。彼らは知的には楽しませるが、習俗に働きかけはしない。

すでに述べたように、こうした事態はデモクラシーのせいだけでは決してなく、その原因はそれと無関係ないくつかの特殊状況に求めなければならない。

仮にアメリカ人の社会状態と法制は現在とまったく変わらず、ただその起源が別で、今とは違う国に移民したものとするならば、彼らがひとつの文学をもったであろうことを私は少しも疑わない。現在あるとおりだとしても、やがてはもつであろうと確信する。ただし、それは今日のアメリカの著述に現れているのとは別の特有の性格をもつであろう。その性格がいかなるものか、前もって輪郭を示すことは不可能ではない。

文学の盛んな貴族制の国民を一つ想定してみよう。知的な諸活動も、統治の仕事と同様に、そこでは一つの支配的階級によって統率されている。文学の世界も政治生活と同じくこの階級、もしくはそのすぐ傍《そば》にいる諸階級にほぼ完全に独占されている。私にはこのことだけで他のすべてを解く鍵になる。

常に同じ少数の人々が同じ仕事に同時に従事するときには、彼らはすぐに互いの意思を通わせ、一人一人を律すべきいくつかの規則を共同で定める。この人たちの関心を引く対象が文学であれば、精神の諸活動はやがて彼らによっていくつかの厳密な規則の下におかれ、そこから逸脱することは許されなくなるだろう。

これらの人々が国の中で世襲の地位を占めているならば、当然のことながら、彼らは自分たちのためにいくつかの不変の規則を採用するだけでなく、祖先に課されていた規則に従おうとするだろう。彼らの掟《おきて》は厳格であると同時に伝統に縛られたものとなろう。

彼らは物質的な配慮を気にする必要もなければ、かつて気にしたこともなく、まして父祖たちはなおさらそんなことに執着しなかった。したがって、彼らは何世代にわたって精神の諸活動に興味をもつことが出来たのである。彼らは文学の技法を身につけ、ついにはこれをそれ自体として愛し、誰もがこれに従うのを見て、ペダンチックな喜びを味わう。

これでもまだすべてではない。ここで語っている人々は生まれてから死ぬまで余裕のある豊かな暮らしを続けるから、自然、凝りに凝った趣向を好み、洗練と高雅を愛するようになる。

それればかりか、これほどの富の恩恵を長く平穏に受けているうちにしばしば彼らの精神と心情はある種の軟弱性を帯び、そのため、彼らはあまりに意表をつき、あまりに鮮烈な印象を与えそうなものは楽しみの対象から排除してしまう。深く心を動かされるよりは楽しさを好むのである。面白いのはいいが、感動に引きずられるのは望まない。

ここに描き出したような人々がつくり出し、また彼らのためにつくられる数多くの文学作品を想像してみれば、すべてが規則的で初めから計算された文学が容易に思い浮かぶであろう。どんなにとるに足らぬ作品も細部まで配慮が行き届き、あらゆるものに技巧と苦心の跡が認められよう。どのジャンルも逸脱を許さぬ固有の規則をもち、それが他のすべてのジャンルからこれを区別するであろう。

そこでは文体が思想とほとんど同じように重要となり、形式が内容と同じように重んぜられる。筆致は洗練され、抑制のきいた格調高いものとなろう。精神は常に気品をもって歩き、滅多に先を急がない。作家は制作を急ぐより完璧に仕上げることにこだわるであろう。

文人階級に属する人々が自分たちだけの世界に生き、自分たちのためにしか書かなくなって、その他の人々をまったく見失ってしまうことも時には起こる。それは彼らを独りよがりと誤りに陥らせるであろう。自分たちだけの使う細かな文章規範で自分を縛り、そのため、いつの間にか良識から外れ、ついには自然の域を超えてしまうことにもなろう。

庶民と別の言葉で語ろうとするあまり、美しい言葉からかけ離れていることでは民衆の俗語と少しも変わらぬある種の貴族的隠語を用いるに至る。

ここに貴族的な文学に自然に伴う暗礁がある。

民衆から完全に離れる貴族制はすべて無力になる。この点は政治に劣らず文学においても正しい[1]。

今度はこの図を裏返して、裏面を見てみよう。

古い伝統と現在の知識によって精神的娯楽への感性を磨かれたデモクラシーの中に踏み入ってみよう。そこでは諸身分は混じり合い、一つになっている。権力と同じように知識も無限に分割され、あえて言えば、あらゆる方向に拡散している。

ここには知的な欲求に飢えた混沌たる群衆がいる。精神の娯楽のこの新たな愛好家は誰もが同じ教育を受けてはおらず、知識水準もさまざまである。父祖とは似ても似つかず、彼ら自身その時々で変わる。絶えず居所を変え、感情も財産も変化するからである。だから伝統と共通の習慣によって各人の精神が他のすべての人々の精神と結びつくということがなく、互いを理解する力も意欲も時間もかつてもったことがない。

にもかかわらず、この支離滅裂で動揺絶えない大衆の中から作家が生まれるのであり、彼らを儲けさせ、栄光を与えるのもこの大衆なのである。

私にはべつに何の苦労もなく次のことが分かる。事態がこのようであれば、貴族制の世紀に読者と著者がともに認めていた厳格な約束事はこのような国民の文学の中には僅かしか見出せないと思わなければならない。仮にある時代の人々がたまたまいくつかの約束事について一致したとしても、そのことは次の時代を保証するものではない。なぜなら民主国においてはそれぞれの世代が新たな国民だからである。こうした国においては、だから文学を狭い規則に従わせることはまったくもって困難であり、それが恒久的な規則に従うことなどまずありそうにない。

デモクラシーにおいては、文学に関心をもつ誰もが文学の教育を受けているわけではは毛頭ない。純文学をいくらかかじっている人たちも、その多くは政治の道に入ったり、専門の仕事に忙しく、ごくたまにそこから逃れて精神の喜びを秘かに味わうことしかできない。彼らはだからこの娯楽を人生の主要な悦びとしているわけではなく、生きるための真剣な仕事の合間に必要な一時の息抜きと考えている。このような人々が文章芸術の深い知識を身につけて、その美妙を感じ取れるはずがない。細かいニュアンスは彼らには汲み取れない。文学書に割《さ》ける時間はごく短いので、その時間を最大限有効に利用しようとする。入手が簡単で早く読め、理解するのに難しい研究のいらない本を彼らは好む。ひとりでに目に入り、瞬時に楽しめる手軽な美しさを求めるのである。とりわけ必要なのは意外なもの、新奇なものである。実際的で、人と争う単調な生活に慣れているので、彼らには、一瞬にして我を忘れさせ、一挙に、いわば力ずくで本の主題に導くような突然の激情と瞬時の閃《ひらめ》きが、真理にせよ誤謬にせよ華々しいものが必要なのである。

これ以上何を言う必要があろうか。これから述べることは、私が言うまでもなく、誰にでも分かることである。

全体として、民主的な世紀の文学は、貴族制の時代のようには、調和のとれた端正な印象を与えず、学識と技巧をうかがわせるところも少ないであろう。形式は通例無視され、時には軽蔑される。文体はしばしば突飛にして破格、装飾過剰でしまりに欠け、ほとんど常に大胆で熱気に溢れているだろう。作家は細部の彫琢《ちょうたく》よりも早く書き上げることを心がける。大冊よりも小品が多く書かれ、学識より才気、深みよりも想像力が幅を利かすであろう。無教養でほとんど野蛮なある力が思想を支配しながら、それが生み出す作品は非常に多彩で異様に豊かである。作者は読者を楽しませるというよりこれを驚かすことに努め、趣味に訴えるよりも情熱をかきたてようと努力する。

もちろん、あちこちにこれとは別の道を歩もうとする作家もあるだろうし、彼らの欠点や長所が何であれ、すぐれた才能をもっていれば、彼らは読者を得るのに成功するであろう。だがそうした例外は稀であり、作品が全体としては一般のあり方から脱している作家でも、いくつかの細部においては常にそれに戻ってしまうだろう。

私は二つの極端な状態を描いたのである。諸国民は第一の状態から第二のそれへ一挙に移行するわけではない。少しずつ変わり、限りなく多様な段階を経て、やっと終わりまで行き着くのである。文学を好む人民が一つの状態から他の状態に移行する途中には、民主的な国民の文学魂が貴族的な国民のそれに出会い、両者が一致して人間精神を動かす瞬間が常に到来する。

これは過渡的な時代だが、また輝かしい時代でもある。このときこそ豊饒にして過剰でなく、躍動して混乱のない文学の時代である。一八世紀のフランス文学はそうであった。

一国の文学は常にその国の社会状態と政治構造に従属すると言うならば、私は自分の考えを超えてしまうだろう。これらの原因と独立に、文学作品に特定の性格を与える他のいくつかの原因があることを私は知っている。だが、私にはこの二つが主要な原因と思われる。

ある人民の社会と政治の状態とその国の作家の精神との間には常に多くの関係がある。したがって、一方を知るものが他方を全然知らないはずはない。

# 第一四章　文学産業について

デモクラシーは産業階級に文学趣味を行き渡らせるだけでなく、産業の精神を文学の中にもちこむ。

貴族制の諸国にあっては、本を読む人は評価にうるさく、数は少ない。民主制の諸国にあっては、読者を喜ばせるのは難しくないが、読む人の数は途方もなく多い。このため貴族的な国民にあっては、作家の成功は非常な努力をもってしなければ期待すべきでなく、そうした努力は多くの栄誉を与えることはあっても、巨額な金銭をもたらすはずがない。これに対して、民主的諸国では、作家は手軽にそこそこの評判と巨富を得ることを当てにできる。そのためには読者に賞賛される必要はなく、読者に好かれれば十分なのである。

常に増大する読者大衆と彼らが絶えず新たにつくる需要とが、読者の少しも評価しない本の売れ行きを保証する。

デモクラシーの時代には、公衆はしばしば著者に対して、国王が廷臣に対して通常とるような振舞いをする。彼らに金を与えて、これを軽蔑するのである。宮廷に生まれ、またそこで生きるに相応《ふさわ》しい、金目当ての連中に他に何が必要だろうか。

民主的な文学の世界は文芸に一つの産業をしか見ないこうした著者たちで溢れており、偉大な作家は数えるほどしかいないのに対して、思いつきを売る人々がごまんといる。

# 第一五章　ギリシャ、ラテンの文学の研究が民主社会において特に有用なのはなぜか

古代のもっとも民主的な共和国で人民と呼ばれたものはわれわれが人民と呼ぶものと少しも似ていなかった。アテナイではすべての市民が公共の事務に関与していたが、三五万人を超える住民に対して二万の市民しかいなかった。他のすべては奴隷であって、彼らが今日の人民の役割、あるいは中産階級の役目をさえ果たしていた。

それゆえ、アテナイは普通選挙制であっても、結局のところ、すべての貴族が等しい参政権を有する貴族的共和制に過ぎなかった。

ローマの貴族と平民との闘いも同じように見るべきであり、同じ家系の兄と弟の内輪揉めしかそこに見てはならない。実際、誰もが貴族制に愛着を覚え、その精神をもっていた。

それに、古代全体を通じて書物は稀少かつ高価であり、複製、流通に大きな困難があったことに注意しなければならない。こうした事情から、文芸を好み、親しむのは少数の人々に限られたから、政治的貴族階級全体からなるエリートの中の一部として少人数

の文学的貴族階級が形成された。したがって、ギリシャ人やローマ人において、文芸が一個の産業と扱われたことを示すものは何もない。

これらの人民はただ貴族制であっただけでなく、洗練を極め、非常に自由な国民でもあったから、彼らの文学作品に貴族的世紀の文学を特徴づける固有の欠陥と独特の長所が刻印されたのは当然のことであった。

実際、古代がわれわれに残した著作を瞥見《べっけん》すれば、著者たちの主題はしばしば一律でふくらみがなく、思想は飛躍と躍動に欠け、一般化が足りないとしても、細部は常に賛嘆すべき技量と入念さで仕上げられていることがすぐに分かる。彼らの作品には慌てて即興に作られたことを思わせるようなものは何一つない。すべては玄人《くろうと》に向けて書かれ、美の理想を追究していることが絶えず明らかになる。古代人の文学以上に、民主的諸国の作家に本来欠けている資質を浮き彫りにするものはない。民主的な世紀にそれ以上に研究すべき文学は存在しない。ギリシャ、ラテンの文学の研究こそ、そうした世紀に固有の文学的欠陥に打ち克つのにもっとも適切な研究である。民主的世紀に固有の長所についていては、これを学ぶ必要もなく、ひとりでに生まれてくるであろう。

この点はよく理解する必要がある。

ある研究がある国民の文学のためには有用だが、その社会的政治的必要には少しも適切でないということもあり得る。

誰もが財産を殖やし、これを保持するために猛烈に働くようにいつも駆り立てられているような社会の中で、頑固に文芸しか教えないとすれば、とても洗練され、しかも非常に危険な市民をつくることになるであろう。なぜなら、社会と政治の状態が市民の心に毎日生み出す欲求を満たす術を、教育はまったく教えないことになり、市民は産業で国を豊かにするどころか、ギリシャ人、ローマ人の名の下に、国家を揺るがすことになろう。

民主社会においては、個人の利害からも、また国家の安全からも、最大多数の人々の教育は文学的であるよりは科学的で、商工業を重視するものでなければならないのは明らかである。

ギリシャ語、ラテン語をあらゆる学校で教えるべきではない。だが、資質と背景から文学に親しみ、これを好む素地のある人々が古代の文学を完全に習得し、その精神を身につけることのできる学校を見出せることは重要である。この結果を得るためには、出来損ないの皮相な学業によって必要な勉強をきちんとすることが妨げられるような、質の悪い高等中学校がたくさんあるより、優秀な大学が少数ある方がよいであろう。

民主的な国民にあっては、文筆に秀でようという野心をもつ者はすべて、古代の著作を時には養分とすべきである。それは良い薬である。

古代人の文学作品には非の打ち所がないと私が見ているわけではない。私はただ、それらには特別の長所があって、それがわれわれに固有の欠点を補うのに驚くほど役立ち得ると思うのである。そうした作品はわれわれが落ちるのを崖っぷちで支えてくれる。

# 第一六章　アメリカのデモクラシーは英語をどのように変えたか

私が先に文芸一般について述べたことを読者がよく理解したならば、民主的な社会状態と制度が思想の第一の道具である言語そのものにどんな影響を及ぼし得るかは、容易に分かるであろう。

アメリカの著作家は、実のところ、彼ら自身の国に住むというよりイギリスに住んでいる。彼らは絶えずイギリスの著作家を研究し、毎日手本にしているからである。アメリカの住民自身はそうでない。こちらは合衆国を動かしうる独特の原因により直接にさらされている。だから、貴族的な国民の固有の言語が民主国の言語になることによってどんな変化をこうむるかを知ろうとするならば、注意を払うべきは書き言葉ではなく話し言葉である。

教育あるイギリス人、つまり、英語の微妙なニュアンスに私よりずっと敏感な人たちが、しばしば私に向かって、合衆国の知識階級の言葉は英国の知識階級のそれと違うと確言した。

彼らが嘆いたのは、アメリカ人が新語をたくさん使い出したということだけではない。

この点は二つの国の違いと距離で十分説明がつく。だが、これらの新語がとりわけ政党の隠語や機械技術、あるいはビジネス用語からとられているのが嘆かわしいというのである。彼らはさらに英語の古い言葉をアメリカ人はしばしば新しい意味にとると付け加えた。最後に言ったのは、合衆国の住民は往々にして異様なほど文体に統一がなく、ときには母国の言語では避ける習慣のある言い回しを口にするという。

信ずるに足ると思われる人たちからこうした指摘を繰り返し聞かされただけに、私自身この問題についてじっくり考えてみたところ、私の考察が理論的に導いた結論は、彼らが経験から行き着いた点と同じであった。

貴族制においてはあらゆる物事が休止状態にあり、言語もまた当然その状態にある。新語は滅多につくられないが、それは新しい出来事がほとんど生じないからである。たまたま新たな出来事が起こっても、意味が慣用的に固定した既存の言葉でこれを描写しようとするであろう。

人間精神がやがてひとりでに動き出し、あるいは外から入ってきた知識がこれを覚醒させることがあっても、新たにつくられる表現は学者的で、知的かつ哲学的な性格を有し、そうした性格はそれらの表現がデモクラシーから生まれたはずのないことを示すものである。コンスタンティノープルの陥落が学問と文芸を西洋に逆流させたとき、フランス語にほとんど突如として多くの新語が入ってきたが、それらはすべてギリシャ語、ラテン語に根をもっていた。このときフランスには学問的な造語が盛んであったが、これを使うのは知識階級に限られ、民衆にまでその影響が現われることは絶えてなく、あってもも長い時間を経た後のことであった。

ヨーロッパの諸国民は次々に同様の光景を呈した。ミルトン一人だけで英語に六〇〇を超える単語を導入したが、それらはほとんどすべてラテン語、ギリシャ語、ヘブライ語から採られたものであった。

ところが、デモクラシーの内部にみなぎる恒久的な運動はビジネスの様相を絶えず新たにするように言語の表層をも絶え間なく変える。全体がこのように動揺し、あらゆる人々が浮き足立つ中で、無数の新たな観念が形成される。古い観念は消えてはまた現われ、あるいは無限のニュアンスの違いに細分されていく。

そこには、だから、使われなくなるに違いない言葉もあれば、新たに用いるべき言葉もあろう。

民主的な国民はそのうえ運動それ自体を好む。このことは政治におけると同じく言語についても見られる。ときには、言葉を変える必要もないのに、変えたくなるのである。

民主的な人民の本質はたくさんの新語を使うことだけでなく、そうした新語が表わす観念の性質にも現われる。

このような人民のもとでは、他のすべてについてと同様、言語においても法をつくるのは多数者である。多数者の精神は他の点と同様言語にも現われる。ところで、多数者は学問研究よりビジネスに、哲学的思弁や文芸より政治と商売の関心にとらわれるものである。彼らがつくりだし、受け入れる言葉の多くはそうした習慣の刻印を受けている。それらの言葉は主に産業の需要や党派の感情、あるいは行政の細則を表現するのに有用であろう。言語は絶えずこの方面に広がり、逆に形而上学や神学の領域からは少しずつ離れていくであろう。

民主的国民がその新語をどこから採り、どのようにしてつくりだすかを言うのは簡単である。

民主的な国に住む人たちはローマやアテナイで人が喋っていた言葉をほとんど知らない。彼らは自分たちに欠けている表現を見つけるのに古代に遡《さかのぼ》ろうとは思わない。時として学者ぶった古語に頼ろうとすることがあっても、それは通常、虚栄心が死せる言語の中に言葉を探させているのであって、学識から自然に言葉が頭に浮かぶわけではない。時には、中でももっとも無知な人々がいちばん古語を用いるということもある。自分の世界から抜け出たいというまったくもって民主的な欲求が、彼らをして卑しい職業をギリシャ語やラテン語の名前で飾り立てようという気にさせるのである。仕事が低級で学問から遠ければ遠いほど、名前は一層仰々しく、学者ぶったものとなる。こうして、われわれの綱渡り芸人はアクロバット、やフュナンビュール、と名前を変えた。

死せる言語の代わりに、民主的国民は現在使われている諸言語から進んで言葉を借用する。諸国民は絶えず交流しており、いろいろな国の人々の類似性が日に日に大きくなっているだけに、互いに好んで真似し合うのである。

だが民主的な国民が言葉を変えるやり方を探すのは、主として彼ら自身の言語の中である。彼らは時々忘れられた表現にあらためて光を当てて、語彙《ごい》に取り戻し、あるいはまた、ある特定の階級の人々からその固有の用語を引き出して、これに比喩的な意味を付して日常の語法に取り入れる。最初はある党派やある職業に特別の言葉に属していた沢山の表現が、このようにして、広く一般に流通するようになる。

民主的国民が語法を変えるのに用いるいちばん普通の便法は、前から使われている表現にそれにはない意味を付与することである。このやり方はごく単純で、手軽であり、大変便利である。これをうまく使うのに知識は要らず、無知であることが利用を促すこともある。だがそうしたやり方は言語を大きな危険にさらす。このようにして一つの語の意味を二重にすることによって、民主的国民はもともとあった意味と新たに付与した意味との両方を曖昧《あいまい》にしてしまうことがある。

最初に一人の著者がよく知られている表現をその本来の意味から少しずらしてみる。このように意味を変えた上で、自分の主題に合わせてさかんに使う。別の著者がまた現われて意味を別の方向にひきつける。第三の書き手が同じ表現を勝手に新たな道に連れて行く。こうなると、単語の意味を最終的に固定する権限をもった共通の審判、恒久的な裁判官は存在しないから、意味はいつまでも揺れ動くままにおかれる。このため、作家がひとつの思考で一貫している様子はほとんど全然なく、常にいろいろな考えを追い求めているように見え、何が狙いであるかの判断は読者に任されることになる。

これはデモクラシーの嘆かわしい帰結の一つである。中国人やタタール人、はたまたヒューロン人の言葉を借りる方が、フランス語の言葉の意味を曖昧にするよりまだましではなかろうか。調和と同質性は言語の用法の二次的な美点に過ぎない。多くは慣用であって、厳密に言えば調和や同質性はなくともかまわない。だが明晰《めいせき》な用語なしに美しい言語はない。

平等は他にもいくつかの変化を必然的に語法にもたらす。

貴族制の世紀、諸国民がそれぞれ他のあらゆる国民から距離をとって、固有の顔つきをしていることを喜んでいる時代には、往々にして、共通の起源を有する複数の国民が、にもかかわらずまったく疎遠になり、その結果、互いの言葉を理解できなくなったわけでもないのに、同じ言葉を喋らなくなってしまう。

このような世紀には、各国の人民はそれぞれまたいくつかの階級に分かれ、階級同士まみえること少なく、混じり合うことは決してない。これらの階級のそれぞれが固有の精神習慣を身につけて固くこれを守り、好んで特定の単語や用語を選び、それらがまた世代から世代へ遺産として受け継がれていく。このとき、同じ言語の中に貧乏人の言葉と金持ちの言葉、平民の言葉と貴族の言葉、学者の言葉と俗人の言葉が並び立つ。分裂が深く、障壁が越え難いほど、そうならざるを得ない。賭けてもいいが、インドのカースト間には驚くほど言葉の違いがあるだろうし、賤民の言語とバラモンの言語との間には身なりの違いとほとんど変わらぬ相違があろう。

反対に、人々が自分の居場所に留まらず、絶えず出会っては話を交わし、また、カーストが崩れて階級構成が変わり、混じり合うようになると、あらゆる言葉が一緒になる。最大多数の好みに合わない言葉は消え、残った共通の語彙から各人がいささか行き当たりばったりに言葉を選ぶ。ヨーロッパの諸語をさらに分かつ地域言語のほとんどすべては明らかに消える傾向にある。新世界に方言はなく、旧世界からそれは日ごとに姿を消しつつある。

社会状態におけるこの革命は言語同様文体にも影響を及ぼす。誰もが同じ言葉を使うだけでなく、一つ一つの言葉の違いを区別せずに使うことに慣れてしまう。かつては文体によって決まっていた文章規則はほとんど廃されている。本性上卑俗に見えたり、上品そうに見える表現はほとんどない。出自のさまざまな諸個人が、昔から使っていた表現や用語を上昇した地位のどこにももちこむから、人間の出自と同じように言葉の起源も分からなくなり、社会にも言語にも混乱が広がる。

語の分類法の中には、ある特定の社会の形式に由来するのではなく、ものの本性自体に発する区別のあることは分かる。ある種の表現や言い回しは表わそうとしている感情それ自体が卑しいがゆえに低俗なのであり、別の表現や言い回しは描こうとする対象が本性上極めて立派だからこそ高尚なのである。

身分が混じり合っても、こうした違いは消えてなくなりはしない。だが平等は思考を表わす形式の中の純粋に慣習的で恣意的な部分は廃さずにはいない。先に指摘した言葉の必要な区別も、民主的な国民にあっては他の国民に比べて尊重されることがいつも少ないのではなかろうか。そのような国民の中には、教育、知識、閑暇に恵まれて、言語の自然法則の検討に変わらぬ関心をもち、自らこれを守って人にも尊重させるような人々が少しもいないからである。

私はこの主題を終えるに当たって、他の何にもまして民主的な言語を特徴づける最後の特質を挙げぬわけにはいかない。

私は先に、民主的な国民は一般観念を好み、しばしばこれに情熱を注ぐことを示した。このことは彼らに固有の長所と短所に由来する。一般観念へのこの愛着は、民主的な言語においては、総称名辞と抽象語の絶えざる使用、またそれらの使い方に現われる。そこに民主的言語の大きな価値と非常な弱点がある。

民主的な国民が情熱的に総称名辞と抽象語を愛するのは、そうした表現は思考を拡大するからであり、また、短い言葉で多くの対象を取り込めるので、知性の働きの助けになるからである。

民主的な作家は有能な人間について好んで抽象的に能力(キャパシテ)と言い、その能力が一体何のための能力かという細かいことには立ち入らない。彼は目の前で今起こっていることを一息で言おうとして現在性(アクチュアリテ)〔ニュース〕について語るであろう。そしてまた、可能性(エバンチュアリテ)ということばで現在話している時点から後に世界に起こり得るすべてのことを意味するであろう。

民主的な作家は絶えずこの種の抽象語を造り出し、あるいはその言語の中にもとからある抽象語を一層抽象的な意味に受けとる。

それどころか、話を短くするために、彼らはこうした抽象語が指す対象を擬人化し、現実の人間のように動かす。「事物の力は能力の統治を望む」などと言うのである。〔「事物の力」la force des choses という表現はすでにルソーが『社会契約論』の中で用いているが、フランス革命期のサン・ジュストの言葉などを通じて、人間の意図や力を超える状況の必然の意味で広く使われた。「能力(者)」les capacités という語は、七月王政の下で財産資格外の要件で選挙権、被選挙権を与えられた学士院会員などの公人を意味する法的用語であった。〕

私自身の例でこの考えを説明するのがいちばんであろう。

私はしばしば平等という語を絶対的な意味で使用してきた。さらに、いくつかのところで平等を擬人化した。平等はこれこれのことを行い、別のこれこれのことからは手を引くと述べたりしたのはそのためである。ルイ十四世の世紀の人々がこんな言い方を決してしなかったことは確かである。この時代の人たちの誰の頭にも、平等という語を特定の対象に当てはめずに使うという発想は浮かびもしなかったであろう。そして、平等を生きた人間扱いすることに同意するくらいなら、この言葉を使うのを諦めたであろう。

民主的な言語には抽象語が溢れており、なんら特定の事実に結びつけることなしに何かにつけてよく使われるが、そうした抽象語は思考を拡大し、これに覆いをかける。表現をより手短かにし、観念をより曖昧にする。だが、民主的国民は言語に関しては、苦心するより不明瞭の方を好むのである。

それに、曖昧さには、こうした国民の中で喋ったり、ものを書く人たちにとって、ある隠れた魅力があるのではなかろうか。

そこに住む人々はしばしば自分の知性の独自の力に頼るほかないので、ほとんどいつも懐疑にとらわれる。加えて、彼らの職業は絶えず変わるから、財産がどんなに不動であっても、何か一つの意見を固く守るということは決してない。

民主的な国に住む人々の考えはだからしばしば揺れ動く。揺れ動く考えを一つにまとめるごく広い表現が彼らには必要なのである。今日表明している思想が明日の新たな立場に適合するか分からないので、自然、彼らは抽象的な用語を好むことになる。抽象語は二重底の箱のようなものである。お望みの観念を入れておき、人に見られずにいつでも取り出せる。

どんな国民にあっても、総称的、抽象的な用語は言語の基礎をなしている。だから私はそうした単語が民主的な言語にしか見られないとは主張しない。私は、ただ、平等の時代には、人々の傾向がこの種の言葉の数を特に増やすと言うだけである。そうした言葉の一つ一つを、そのもっとも抽象的な語義で理解し、話を進める上でその必要もないのに、何事につけこれを使用する傾向があるというのである。

# 第一七章　民主的諸国における詩の若干の発想源について

詩という言葉にはいくつかの極めて異なる意味が付されてきた。そうしたさまざまな意味のどれを選ぶのがいちばんよいかを読者とともに検討するのは、読者を退屈させることになろう。私としては、とりあえず私の採用する意味を言っておきたい。

詩とは、私の見るところ、理想的なるものの探求であり、その描写である。

存在するものの一部を切り取り、その図にいくつか想像の線を加え、目に見えないが実在するいくつかの状況を組み合わせ、そのようにして自然を完成し、拡大する人、これが詩人である。したがって、詩の目的は真実を表現することではなく、これを飾り、真実を超えるイメージを精神に提示することである。

韻文は私には言語の美しい理想のように思われ、その意味で、すぐれて詩的な文章であろう。だが、それだけでは、まだ詩にはなるまい。

私が検討してみたいのは、民主的な国民の行動と感情、その思想の中に理想を思い描くのに向いたなんらかの適性、それゆえ詩の自然の源と考えるべき何ものかがあるかどうかという疑問である。

まず認めなければならぬのは、理想を好み、その姿を見て喜ぶ気持ちは民主的な国民にあっては貴族制の国におけるほど強くもなければ、広がりもしないということである。貴族的な国民にあっては、魂が重苦しい休止状態に沈んでいるのに、肉体がひとりでに動くようなことが時として起こる。こうした国では民衆でさえしばしば詩的な趣味を示し、その精神が周囲のものから逸脱し、抜きんでることが往々にしてある。

だがデモクラシーにあっては、誰もが物質的享楽に愛着を覚え、よりよい生活を思い描いて他人と競争し、明日の成功に心を奪われている。これらがすべて強い刺戟となって人を職業として選んだ道へ駆り立て、一時たりともそこから逸脱することを許さない。精魂を傾けるのはもっぱらこの方面である。想像力は消えないが、ほとんどひたすら役に立つものを考え、現実にあるものを表現することに集中する。

平等は理想を描くことから人の関心をそらせるだけではない。それは描く対象の数を減らす。

貴族制は社会を不動の状態におくから、政治制度を安定させると同時に、実定宗教が確固として揺るがず、長く持続するのを援《たす》ける。

それは単に人間精神を信仰に縛るだけではなく、ある特定の信仰を選ぶように仕向ける。貴族的な国民はいつも神と人間との間に仲介諸権力をおこうとするであろう。

この点で、貴族制は詩にとって条件がよいと言うことができる。感覚で捉えられず、精神によって見出される超自然的存在が世界に満ち満ちているとき、想像力はのびのびと広がり、詩人は描くべきさまざまな主題を見出し、自分の描く絵にいつでも興味をもちそうな観客にいくらでも出会う。

ところが、民主的な世紀には、往々にして信仰は法律と同じように移ろいやすい。このとき懐疑が詩人の想像力を地上に引き戻し、目に見える現実の世界の中に閉じ込める。たとえ平等が宗教を揺るがさないとしても、それは宗教を単純化する。人の注目を二次的な代理人から逸《そ》らせ、もっぱら至高の主の方に向けるのである。

貴族制は人間精神を自然に過去の追想へと導き、過去に縛りつける。デモクラシーは、逆に、人々に古いものに対するある種の嫌悪感を植えつける。この点で、貴族制の方が詩にとってはるかに条件がよい。なぜなら、物事は普通、遠くになればなるほど大きく、ヴェールがかかって見えるからである。このように、二重の意味で理想を描くのにより適合的になるのである。

平等は詩から過去を奪うと、次には、現在をもなかば取り上げてしまう。

貴族制の諸国民の中には、その存在が人間の条件の外に立ち、上にあるような特権的な個人がかなりの数いるものである。権力と富と栄光、才気と洗練、そしてすべてにおける卓越がこの人々だけのものであるように見える。大衆はこの人々を身近に見ることもなく、細かいことは何も分からない。こうした人々を詩的に描き出すのに努力は要らない。

他方、こうした国民の中には無知で卑しく従属的な階級もまた存在する。こうした階級はその粗野と悲惨が極端だからこそ、詩にうってつけの素材となる。別の階級がその洗練と偉大さによってそうなるのと同じである。さらに、貴族制の国民を構成するさまざまな階級は相互にまったく別々で、見知っていないから、想像力がこれを描くときにはいつでも現実に何かを加えたり、そこから何かを取り去ったりすることができる。

民主社会では人間がみなとても卑小で、まるで同じように見えるから、誰もが自分の顔を眺めれば、たちどころに他のすべての人を見ることになる。民主的世紀に生きる詩人はだから描きだす主題に個別の人間を取り上げることは滅多にあるまい。なぜなら、普通の大きさで、どこからでもはっきり見える対象は、理想的なものとはおよそ程遠いからである。

したがって、平等は地上に確立するにつれて、詩のかつての源泉の多くを涸らす。

それがどのように新たな源泉を見出すかを示してみよう。

懐疑のために人の関心が天上から去り、平等の進行によって誰もが大きさのよく分かる小さな部分になってしまったので、詩人たちは貴族制とともに消えた偉大な対象の代わりに何をおいてよいか思いつかず、目を生命なき自然に転ずる。英雄も神々も見失って、まずは川と山の描写にとりかかるのである。

このことが、前世紀に特に叙景詩と呼ばれたものを生み出した。

地球上の物理的で動かざる事物によって美しく飾られたこのような描写こそ民主的世紀に特有の詩であると考えた人たちもあったが、私はそれは間違いだと思う。そうした描写は過渡的な時代の表現に過ぎないと考えるのである。

デモクラシーは長期的には想像力を人間の外にあるすべての対象から引き離し、人間にのみ縛りつけると私は確信する。

民主的な国民はたしかに、一時、自然の考察に興趣を覚えることもあろう。だが、本当に熱中するのは自分を見ることだけである。これらの国民にあって詩の自然な源泉はそこだけであり、そこに想を求めようとしない詩人はすべて、読者を魅了しようとしてもその魂に訴える力をまったく失い、読者は結局のところ詩人の興奮を静かに見つめるだけであろう。

人類の進歩と無限の完成可能性という観念が民主的な時代に固有である所以《ゆえん》を私は前

に示した。

民主的な国民はかつてあったことはあまり気にかけず、とかく今後どうなるかを夢見るものである。彼らの想像力はこの方面では限りがない。未来に向かって想像力は限りなく伸び広がる。

このことは詩人に広大な活躍の場を提供し、視線の及ばぬ情景の描写を詩人に許す。デモクラシーは詩に対し過去を封印し、未来の扉を開ける。

民主社会を構成するあらゆる市民はほぼ平等でほとんど似たような人々だから、一人一人はどれも詩の題材になりそうもない。だが国民全体は詩心をくすぐる。あらゆる個人が同じようだから、個別には誰一人として詩の対象になりそうもないが、だからこそ、詩人には、すべての人を同じ一つのイメージにまとめ、人民そのものを考察することが可能になる。民主的国民は他のどんな国民にもまして明瞭に自分たち自身の姿を認識しており、国民全体のこの大きな姿は、驚くべきことに理想的なものの描写を生み出すのである。

アメリカ人に詩人がいないことは容易に認めるが、彼らがまるで詩的観念をもたないとは言わない。

ヨーロッパにはアメリカの原野の魅力にとりつかれる人が多いが、アメリカ人自身はほとんどそれに興味をもたない。悠久の自然の驚異に彼らは鈍感であり、斧で森を伐り開いたその時になって初めて、周囲の森の素晴らしさに気づく。彼らは別の光景に目を奪われる。アメリカの人民が描く自画像は、この原野を一人で進み、沼を干拓し、河川を整備し、未踏の地に居住地を開き、自然を征服していく姿である。自分自身についてのこの壮大なイメージはただ時々アメリカ人の想像力に浮かぶだけではない。そのイメージは、とるに足らぬ些事《さじ》であれ重要な仕事であれ、彼ら一人一人の行動に常につきまとい、誰しもの頭の中にいつも留まっていると言える。

合衆国における人間の生活ほど些末で、生気に欠け、浅ましい利害に満ちているもの、一言で言って、これほど詩的でないものを思い浮かべることはできまい。だが、この生活を導く思想の中には、詩に溢れたある一つの発想があり、それが他のすべての考えに生命力を与える隠れた神経を成している。

貴族的な世紀には、個人一人一人と同様、個々の国民も他のあらゆる国民から離れてじっとしている傾向がある。

民主的な世紀には、移動性が極度に高まり、人々は性急な欲求に駆られて、絶えず居所を変え、さまざまな国の住民が混じり合い、知り合い、話を交わし、金のやり取りをする。それゆえ同じ国の構成員が相互に似てくるだけではない。国民自体も互いに似通ったものとなり、見る人の目には、全体が一つの巨大な民主政体を成しているに過ぎず、一国の人民がその市民であるように見える。このことが人類の姿を初めて明確に浮かび上がらせる。

全体としての人類という存在、その有為《うい》転変《てんぺん》と将来に関係するあらゆるものが詩にとって極めて豊かな鉱脈となる。

貴族的な時代に生きた詩人たちは、一国の人民や一人の人間の生涯の出来事を題材に素晴らしい情景を描写したが、人類の運命をその絵に描きこもうとしたものは誰一人いない。ところが、民主的な時代に書く詩人たちはこれを試みることができる。

一人一人が自分の国の上に目をやり、ついに人類それ自体の姿を認めるに従い、神はその全き威厳を人間精神の前にますますはっきりと顕す。

民主的な世紀には実定宗教への信仰がしばしばぐらつき、名前はどうあれ神と人間とを仲介する諸権力が信用を失うことがあるとしても、他方で人々は神の存在それ自体をずっと大きくとらえるようになるであろう。そのとき、彼らにとって神の人間世界への関わりは新たな、より明るい光を浴びて現われるであろう。

人類を単一の全体と認識すれば、人々はある一つの計画が人類の運命を定めているという考えをいだきやすく、各人の行為の中にこの一般的恒久的計画の痕跡を認め、神はそれに従って人類を導いているとみなすようになる。

この点もまたこうした世紀に湧き出る詩の豊かな源泉とみなされてよい。民主的詩人たちが神々や悪魔や天使に肉体の形を与え、これらを天降らせて地上で相戦う様を描こうとしても、彼らは常に凡庸で精彩に欠けて見えるであろう。

だが、もし彼らが描き出す大きな出来事を神の宇宙に対する一般的計画に結びつけ、至高の主の御手を示すことなく、その御心に直ちに立ち入ろうとするならば、彼らは読者の称賛と理解を得るであろう。同時代の人々の想像力が自ずとこの道をとるからである。

同様にまた、民主的な時代に生きる詩人たちは人物や行為より情念と思想を描くだろうと予測できる。

デモクラシーにあっては、人々の言語表現と衣装、そして日々の行動が、およそ理想的なものの想像を拒否する。これらはそれ自体としてまるで詩的でないが、さらに、これについて語ろうとする人たちにとって分かりすぎるほど分かるので、ますます詩的でなくなる。このことが詩人たちに感覚でとらえられる表層を突き破って、魂それ自体に迫ることを強いる。ところで、このように精神性の深みにおいて人間を描くことほど理想を描き出すのにうってつけの題材はない。

陰翳《いんえい》に富む素晴らしい素材、限りなく偉大で限りなく卑小な存在、深い闇に覆われていると同時に異様にくっきりと見え、憐憫《れんびん》と賛嘆、侮蔑と恐怖の感情を同時にいだかせる対象、これを発見するのに天地を経巡る必要はない。自分自身のことを考えればよいのである。人間は無から出て、時を渡り、そして神のみもとへ永遠に去っていく。姿の見えなくなる二つの深淵に挟まれた限られた場所を一時さまよい歩く様子しか目に見えない。

もし人間が自分をまったく知らないのであれば、その存在は詩的とはいえまい。知りもしないものを描くことはできないからである。もし人間が自分をはっきり見ているのならば、想像力は働かず、絵に付け加えるべきなにものもないことになろう。だが人間は自分自身について何かを知りうるほどには明らかだが、相当にヴェールに覆われた存在でもあって、その他の部分は光の及ばぬ闇に消えゆき、人は絶えずその闇の中に分け入って、なんとか自分自身をとらえようとするが、ついに成果は上がらない。

したがって、民主的な国民の下で詩が伝説を糧に生きると期待してはならない。伝承や古い記憶から養分を得ることもなければ、読者も詩人自身も信じていない超自然的な存在を宇宙にまた住まわせることも考えられない。人がそのありのままの姿を見ることのできる美徳や悪徳を人物に託して詩が語ることも期待できない。これらの源泉はすべてなくなる。だが題材として人間がまだあり、それだけで詩には十分である。人間の運命、時代と国を離れて自然と神の前におかれた人間それ自体が、その情念と懐疑、その未曾有《みぞう》の繁栄と理解を絶する貧困とともに、これらの国民にとって詩の主要な、そしてほとんど唯一の題材となるであろう。このことは世界がデモクラシーに向かって進み始めて以来現われた最大の詩人たちがこれまでに何を書いたかを考えれば、すでに確信することができる。

今日、チャイルド・ハロルドやルネやジョスランの人物像を見事に造形した著者たちは、ある一人の人間の行動を物語ろうとしたのではない。彼らは人間の心のなお見えない部分に光を当て、拡大しようと欲したのである。

〔チャイルド・ハロルド、ルネ、ジョスランはそれぞれバイロン、シャトーブリアン、ラマルティーヌの作品の主人公、ロマン主義文学の典型的人物像である。〕

ここにこそデモクラシーの詩がある。

平等はだから詩のあらゆる素材を破壊するわけではない。その数を少なくし、一つ一つを巨大化するのである。

# 第一八章　アメリカの作家と雄弁家がしばしば誇張するのはなぜか

私はこれまでにしばしば次のことを指摘した。アメリカ人は一般に物事を明晰で乾いた、一切の装飾を排した言葉で扱い、そうした言語表現の単純さは時に俗悪であるが、ひとたび詩的文体に手を出すと、とたんに誇張に陥る。そのとき、彼らの文章は初めから終わりまで絶え間なく大袈裟で、このように何事につけイメージを膨らませるのを見ると、彼らはいまだかつて単純素朴にものを言ったことがないのではないかと考えたくなる。

イギリス人はこのような欠陥を示すことが滅多にない。

このことの原因はさしたる困難なしに指摘できる。

民主社会では、市民一人一人は通常とても小さな対象、すなわち自分自身のことを考えるのに忙しい。目をもっと上にあげてみても、社会という広漠たるイメージ、あるいは人類というさらに大きな形しか目に入らない。きわめて個別的で明確な観念か、おそろしく一般的で極度に漠然とした観念しかもてず、中間の領域は空っぽである。

市民が自分自身から引き離されると、目の前にはいつも桁外れ《けたはず》のものがあり、それあればこそ、彼は自分の生活を騒がせ、豊かにしている細かく複雑な仕事から一時身を引き離すのに同意するのである。

このことは一般にごく小さな仕事に従事している民主制の諸国の人々が、なぜ詩人たちにはあれほど広大な観念や常軌を逸した描写を要求するのか、その理由のよい説明になると思われる。

著者の方も自分自身の分かちもつこの本能に従わぬわけにはいかない。彼らは想像力を絶えず膨らませ、途方もなくこれを拡大して巨大なものに至らせる。想像力はしばしば偉人に満足せず巨人を求める。

このようにして、著者たちは大衆の注目を即席にひきつけ、苦労せずにこれを失わずにいることを期待し、しばしばそれに成功する。なぜなら、詩に広大な題材しか求めぬ大衆はまた作者が提供するあらゆる材料の均衡を正確に測る時間もなければ、それらがどの点で均衡を崩しているかを認識するたしかな鑑識眼もないからである。著者と読者がどちらも一緒に堕落するのである。

それにすでに見たように、民主的諸国民にあっては、詩の源泉は素晴らしいが豊かではない。いずれ泉を汲み尽くしてしまう。実在するもの、真実なるものに理想の素材を見出せず、詩人はそこから完全に出て、怪物をつくりだすことになる。

私は民主的な国民の詩が臆病になるとか、地にへばりつきすぎるという心配はしない。むしろ、それは絶えず雲の中に姿を隠し、ついには完全に空想の国を描くことになるだろうと思う。民主的詩人の作品はしばしば広漠として支離滅裂なイメージを提供し、ごてごてに飾られた絵、奇妙奇天烈《きてれつ》な構成を示すのではないか、そして彼らの精神から出た幻想の存在は時として読者に現実世界を呪詛《じゅそ》させるのではないか、私としてはこうしたことを恐れる。

# 第一九章　民主的諸国民の演劇についての若干の観察

貴族的な国民の社会と政治の状態を一変させた革命が文学の世界に及ぶとき、革命が最初に起こるのは一般に演劇を通してであり、それがいつまでも目立つのも演劇においてである。

芝居の観客はいわば準備なしに舞台の印象にとらえられる。記憶を探る暇もすぐれた人の意見を聞く時間もない。今まさに自分の中に生まれつつある新しい文学的感興に逆らおうとは思いつかない。何が何だか分からぬうちに、それに引きずられてしまう。

作者の方も公衆の好みが秘かにどの方向へ向いているか、すぐに察する。彼らはその方向に向けて作品を書く。演劇作品は文学においていかなる革命が始まろうとしているかを予《あらかじ》め知らせる役に立ち、後にはこれを完成させるものである。デモクラシーに向かいつつある国民の文学の姿を予め見極めたいのなら、彼らの演劇を研究することである。

それだけでなく、演劇作品は貴族的な国民においてすら、文芸の最も民主的な部分を形成している。舞台を見て味わえる楽しさほど、大衆の理解しやすい文学的感興は他にない。これを感ずるのに何の準備も勉強も要らない。どんな先入観があろうと、またいかに無知であっても、芝居の楽しさは見るものをとらえて離さない。なおなかば無教養とはいえ、知的な娯楽を愛する心が国民の一階級に浸透すると、それはやがてこの階級の人々を劇場に赴かせる。貴族制の諸国民の劇場はいつも貴族に属さぬ観客で溢れていた。劇場においてのみ、上流階級は中流や下層の階級と混じり合い、これらの階級の意見を受容しないまでも、少なくとも意見の表明を許した。劇場においては、学識ある人々がその趣味を民衆の趣味に優先させることがもっとも難しく、彼ら自身、民衆の趣味に引きずられるのに抵抗することもままならなかった。そこでは平土間の立見席がしばしば桟敷席に命令したのである。

民衆の劇場への侵入を許さぬことは貴族制にとっても難しいとすれば、民主的諸原理が法と習俗に浸透し、諸身分が混じり合って、財産と同じように教養の違いも小さくなるとき、したがってまた、上流階級が世襲の富とともにその力と伝統と余暇を失っていく時代には、当然のように、民衆が主人として劇場を支配するであろう。このことは容易に理解できる。

民主的国民に生来の趣味と本能は、文学においては、だからまず演劇に現われるのであり、しかもこの領域ではそれが急激に流入するであろうと予測できる。書物においては、貴族制の文学規則は少しずつ段階を追って、いわば合法的に変わっていくであろう。

演劇ではそれが大騒動によって覆される。
〔最後の一文はヴィクトル・ユーゴーの『エルナニ』の初演(一八三〇年二月)の際の名高い騒ぎへの言及であろう。〕

演劇は民主的文学に内在する長所の多くとその欠点のほとんどすべてを浮き彫りにする。

民主的な国民は学識に対して通り一遍の尊敬しか払わず、ローマやアテナイの過去の出来事にほとんど関心を示さない。自分たち自身の話を聞きたがり、現在の描写を要求する。

したがって、古代の英雄と習俗が舞台でたびたび再現され、古代の伝承にあくまで忠実たろうとする配慮がなされているときには、そのことだけで民主的諸階級はまだ劇場を支配していないと結論してよい。

『ブリタニキュス』の序文で、ラシーヌはジュニーをヴェスタの神殿の斎女のうちに加えたことについて謙虚にも弁解している。アウルス・ゲリウスに従って、そこには「六歳以下の者も十歳以上の者も決して受け容れられなかった」と述べているのである。彼がもし今日書くとすれば、このような失策を認め、弁解しようとするとは考えられない。

〔『ブリタニキュス』序文からの引用は岩波文庫版(渡辺守章訳)による。〕

このような事実はそれが起こった時代の文学のあり方だけでなく社会そのもののあり方についても示唆を与える。演劇が民主的だからといって、国民が民主政の下にあることの証明にはならない。先に見たように、貴族制にあっても、民衆の好みが舞台に影響を及ぼすことがあり得るからである。だが、貴族の精神だけが劇場を支配していれば、それは間違いなく社会全体が貴族的であることを示し、そこから、学識を備え、教養のある同じ一つの階級が劇作家に方向を与え、同時に市民に命令し、政治を動かしていると大胆に結論してよい。

貴族が劇場を牛耳っているとき、趣味は洗練され気風は尊大であるだけに、彼らはたいていの場合、人間性の中からある面を選択するようになる。特定の社会階層にもっぱら関心をいだき、その姿が舞台に再現されるのを楽しむ。彼らにとっては特定の美徳だけが格別に舞台で再現に値するように思われ、悪徳についてさえそうである。貴族階級はこれら特定の徳・不徳の描写を歓迎するが、他のすべては目から遠ざける。演劇においても他においてと変わらず、大領主としか出会おうとせず、王侯にしか感動しない。文体についても同じである。貴族階級はとかく作家にある特定のものの言い方を押しつけがちで、すべてその口調で語らせたがる。

こうして演劇はしばしば人間のある一面しか描かなくなり、ときには人間の本性の中にありもしないものを表現することにさえなる。人間の本性を超え、その外に出てしまうのである。

民主社会では観客はこのような選り好みを決してせず、また同じような毛嫌いを示すことも滅多にない。彼らは現実に目にしている諸階層の混じり合い、思想や感情の雑多なもつれ合いを舞台でもう一度見るのを好む。演劇はより刺激的で、一層通俗的で、真に迫るものになる。

とはいえ、民主制の国で戯曲を書く人たちも時には人間性の外に出ることがある。だが、それはかつての作家たちとは反対の極においてである。今現在の細かな出来事とある特定の人々の特有の姿を綿密に再現しようとするあまり、種の一般的特徴を描くのを忘れてしまうのである。

民主的諸階級が劇場を支配するときには、題材の選択そのものにおけると同じように、取り扱い方にも自由が導入される。

芝居好きはあらゆる文学趣味の中でも民主的国民にもっとも自然なものであるから、これらの国民にあっては、作家の数と観客の数は見世物の数と同じように絶えず増大する。おそろしく雑多で、さまざまな場所に散らばる人々からなるこのような大衆が、同じ規則を承認し同じ法に服することはあり得まい。このように数が多く、次にどこで会うかも知らず、各自勝手に判決を下す裁判官の間に意見の一致があるはずがない。デモクラシーは一般に文学上の規則や取り決めを曖昧にする帰結をもたらすとすれば、演劇においてはそれらを完全に廃止し、後には個々の作家と観客の恣意しか残さない。

同様に、私が別のところで民主的文学における文体と技法について一般的な形で述べておいたことが、演劇にはとりわけ顕著に現れる。ルイ十四世の世紀の戯曲が招いた批評を読むと、観客が筋書きの真実性をどれほど尊重し、登場人物の行動にいつも矛盾がなく、説明がつかず理解しにくい行動に出ないことを重視していたことが分かり、驚かされる。当時は言葉の形式になんと大きな価値がおかれ、一字一句についてなんと瑣末な論難が劇作家に向けられたかも同様に驚くべきことである。

ルイ十四世の時代の人々は書斎では目についても舞台では気がつかないこれらの細部に過大な価値をおいていたように思われる。というのも、劇作品の主要な目的はやはり上演されるところにあり、その第一の価値は見るものを感動させることだからである。このような細部の重視は当時の観客が同時に読者でもあったことからきている。上演が終わると、彼らは家に帰って作者を待ち受け、その後で作品の評価を決めるのであった。

デモクラシーにあっては、観客は戯曲の上演に耳を傾けても、決してそれを読みはしない。舞台の演技に目を凝らす人々の多くはそこに精神の悦びを求めているのではなく、激しい興奮を覚えたいのである。彼らはそこに文学作品を期待しているのではなく、見世物を見たいのである。だから作者の言葉づかいがまずまず正しく、十分理解でき、また登場人物が好奇心をかきたて、共感を覚えさせるならば、観客は満足する。創作にそれ以上なにも望まず、すぐに実生活に戻る。ここではだから文体もそれほど必要ではない。舞台の上では、文章上の規則は一層守られないからである。

筋書きの真実味について言えば、この要求に忠実でいて、斬新で意表をつき、展開を急ぐということはできない。作家はだから真実性を気にかけず、観客はそれを許容する。観客としては心に触れる対象の前にともかく連れて行ってもらえれば、どの道を通らされたかは気にしないと考えてよい。感動はしたが、劇の展開は定法《じょうほう》に反する、などと観客が作者を咎《とが》めることは決してないだろう。

アメリカ人は劇場に行くと、いま私が述べたさまざまな反応をはっきり示す。だが劇場に出かける人はまだごく少数しかいないということを認めなければならない。合衆国ではこの四〇年で観客の数も上演される劇の数も驚くほど増えたとはいえ、住民は依然としてこの種の娯楽をごく控えめにしか楽しまない。

これは読者がすでに知っている特別な原因のためであり、これを想い出してもらうには二語でたりる。

アメリカの諸共和国の基礎を築いた清教徒《レ・ピュリタン》たちは単に快楽を敵視していただけではない。彼らはさらに演劇に対して独特の嫌悪感を表明していた。彼らはこれを憎むべき娯楽とみなし、したがって、清教徒の精神が異議なく支配していた限り、彼らの間で劇が上演されることは絶対になかった。植民地の最初の父祖たちのこの考えは彼らの子孫の精神のうちに深い痕跡を残した。

その上、合衆国には極度に規則的な習慣と非常に厳格な習俗がみられ、それらが今日に至るまで、舞台芸術の発展に好ましい影響を与えなかった。

大きな政治的破局の経験もなければ、恋愛がいつでもまっすぐ簡単に結婚につながる国には劇の題材がまるでない。週日は毎日金儲けに精を出し、日曜日には神に祈るという人々には芝居の神様に捧げるものがなにもない。

合衆国で演劇に人気がないことを示すには一つの事実だけで十分である。

アメリカ人の法律はすべてにわたって言論の自由、いやその放縦をさえ許しているが、にも関わらず、劇作家は一種の検閲の下におかれている。劇の上演はタウンの行政官が許可したときにしか行われないのである。このことは国民も個人と変わらぬことをよく示している。自分の情熱の主要な対象には我を忘れて熱中し、自分の好まぬ趣味に染まるのは大いに警戒するのである。

演劇ほど時の社会状態と密接で多くの絆で繋《つな》がっている文学の分野は他にない。もし重大な革命が習俗と法律を一変させて、時代を画すようなことがあれば、それ以前の時代の演劇は次の時代の好みにまったく合わなくなるだろう。それでもなお、違う世紀の偉大な作家の研究はなされる。だが時代を異にする公衆のために書かれた芝居を見に行くものはいない。過去の時代の劇作家は書物の中にしか生きていない。

少数の人々の懐古趣味、虚栄や流行、あるいは一人の役者の偉大な才能が、しばしの間、デモクラシーの中に貴族的な演劇を維持し、あるいは再興するということはあり得よう。だが、それもすぐにひとりでに消えていく。倒されはしないが、見捨てられるのである。

# 第二〇章　民主的世紀における歴史家に特有の若干の傾向について

貴族的な世紀に書く歴史家は通常あらゆる出来事を個人の意志と特定の人物の気質から説明し、もっとも重要な革命をもとかく細かな偶発事に結びつけようとする。彼らはこの上なく些細な原因を巧みに浮かび上がらせ、しばしば最大の原因を見逃す。

民主的な世紀に生きる歴史家は正反対の傾向を示す。

彼らの多くは人類の運命に対する個人の役割にも、国民の行く末に対する市民の貢献にもほとんど何の影響も認めない。そして、反対に、あらゆる個々の小さな事実に大きな一般的原因をもちだす。こうした正反対の傾向は説明がつく。

貴族的な世紀の歴史家が世界の舞台に目をやるとき、彼らはまずもって芝居全体を進める少数の主役に目を留める。彼らの視線は舞台の前景を譲らぬこれらの偉大な人物に惹きつけられ、そこに釘づけになる。これらの人々を動かし、語らせている隠れた動機を明らかにするのに熱中し、他のことは忘れてしまうのである。

何人かの人間が大事を為すのを見るうちに、一人の人間がふるう影響を過大に見積もり、自然、群衆の動きを説明するにも常に個人の個別行為に遡らねばならぬと考えるようになる。

ところが、すべての市民が独立で誰もが無力であるときには、大衆に対して大きな力、とりわけ持続的な力をふるうものを見出せない。一見したところ諸個人は大衆に対してまったく無力に見え、社会はこれを構成するすべての人が自然に力を合わせてひとりでに進んでいるかに映る。

このことは当然のことながら人間精神を一般的理由の探求、すなわち、一度にたくさんの人々の考えをとらえ、いっせいにこれを同じ方向に向ける力のあった原因の探求に向かわせる。

民主的な国民にあってさえ、特定個人の天才や悪徳、あるいは美徳が人民の運命の自然な流れを遅らせたり、速めたりすることがあると私は確信している。だが貴族的な世紀には一般的事実を措いて、ただ一人、あるいは少数の人間の個別の行動の分析だけに関心が集まるのに比べて、この種の偶然で二次的な原因は、平等の時代には限りなく多様であり、目につきにくく、複雑で力が弱く、したがって見つけ出して追跡するのが難しい。

歴史家はやがてそのような作業に疲れてしまう。彼の精神は迷路の中で道を見失い、個人の影響力を明確に認識して、これに十分な光を当てることができないので、個人が影響力をもつことを否定する。人種の属性や国の自然構造、文明の精神といったことを好んで語るのである。その方が作業の節約になり、より小さな代償で読者を満足させることになる。

ラファイエット氏は『回想録』のどこかで一般的原因を誇張する理論体系は凡庸な政治家にとてもよい慰めとなると述べている。それは凡庸な歴史家に素晴らしい慰めを与えると私は付け加えよう。そうした理論はなんらかの大きな理由をいつでも提供してくれ、そうした理屈は書物のいちばん難しいところで歴史家を救ってくれ、歴史家の精神を深遠に見せて、その実精神の衰弱と怠惰を助長する。

〔ラファイエットの『回想録』は Marquis de Lafayette, *Mémoires, correspondance et manuscripts du general Lafayette*, H. Fournier ainé, 1837-1838, 6 vols. ただし、(N)は、トクヴィルはラファイエットを高く評価しておらず、『回想録』を直接読んだわけではなく、サント＝ブーヴが『両世界評論』に書いた紹介から引用の趣旨を引き出したとしている。〕

私としては、いついかなる時代にも、この世の出来事のある一部はごく一般的な事実に帰すべきであり、他の一部はきわめて個人的な影響に帰すべきだと思う。この二つの原因は常に存在し、両者の関係が異なるだけである。民主的な世紀には貴族的世紀に比べて一般的事実がより多くのものを説明し、個人の影響力で説明できることはより少ない。貴族制の時代には反対で、個人の影響がずっと強く、一般的な原因はより弱い。少なくとも、少数の人間に他のすべての人々の自然な傾向に逆らうことを許す境遇の不平等それ自体を一つの一般的原因と考えぬ限りそうである。

民主的社会に起こる出来事を描写しようとする歴史家が一般的原因に多くの役割を認め、その発見にもっぱら努力を傾けるのは正しい。だが個人の個別行為を再発見し、跡づけるのが難しいからといって、これを完全に否定するのは誤りである。

民主的な世紀に生きる歴史家は一つ一つの事実をある大きな原因から説明しがちなだけではない。さらに事実を相互につなぎ合わせ、そこから一つの理論体系を引き出そうとする。

貴族制の時代には歴史家の注意はどんな時にも個人に向かい、出来事の連鎖は彼らの目に入らない。あるいは、彼らはそのような連鎖があるとは信じない。彼らの目に歴史の筋道は刻々人間の通過によって断ち切られるように見える。

ところが、民主的世紀には、歴史家の見る行為者の数はずっと少なく行為の数ははるかに多いから、容易に行為と行為の間に関連と一貫する秩序を打ち立てる。

古代の文献はわれわれにこの上なく素晴らしい歴史を残しているが、一つとして壮大な歴史の体系を提示していない。これに対して現代のもっともつまらぬ歴史文献は体系だらけである。古代の歴史家は現代の歴史家がいつも乱用しようとするこうした一般理論をほとんど使わなかったようである。

民主的な世紀に書く歴史家にはさらに危険なある傾向がある。

個人の行動が国民に働きかけた跡を見失うと、人はしばしば世界がこれを動かす人間なしで動いているように思う。各市民の意志に一つ一つ働きかけて最後には人民の動きを生み出すことになる動因を認識し、分析するのが非常に難しくなるので、この動きは人間の意志によるものでなく、社会は自らを支配する上位の力に知らずに従っているという考えに誘われるのである。

すべての個人の個々の意志を導く一般的事実をどこかに見出せねばならないとなれば、人間の自由は救われない。無数の人間に同時に当てはまるほど広大で、すべての人間を一挙に同じ方向に傾けるほど強力な原因は、容易に不可抗のものと映る。そうした原因を認めてしまうと、それには逆らえなかったのだと考えるのは間近い。

民主的な時代に生きる歴史家は、だから、少数の人々が人民の運命を動かす力を認めないだけでなく、人民自身から自らの運命を変える力を奪い、これを動かし難い摂理やある種の目に見えない宿命に従属させる。これらの歴史家に従えば、どの国民もその位置と起源、前歴と資質によって一つの運命に逆らい難く結びつけられており、いかなる努力もこれを変えることはできない。彼らは世代と世代を結びつけ、時代から時代へ、必然の出来事から必然の出来事へと世界の始まりまで遡って、全人類を包み込み、繋《つな》げるきつく巨大な鎖をつくり出す。

どのようにして事実が起こったかを示すだけでは彼らには十分でない。別のようには起こりえなかったということを明らかにしたがるのである。彼らはある国民が歴史のある地点に至ったとみなすと、そこに至る道をたどるほかはなかったと主張する。その方が、もっとよい道をとるにはどうすればよかったかを教えるよりやさしいのである。

貴族的な時代の歴史家、とりわけ古代の歴史家の著作を読んでいると、自分自身の主人となり、仲間を治めるには、人は自己を抑制する術さえ知ればよいように思われる。今日書かれる歴史をひもとくと、人間は自分自身に対しても周囲に対しても為しうることは何もないかのごとくである。古代の歴史家は命令することを教え、現代の歴史家は従属することしか学ばせない。彼らの著作の中で、作者はしばしば偉大だが、人間はいつも卑小である。

民主的な時代に歴史を書く人たちをかくも惹きつけるこの宿命論の教義が、もし、著者から読者へ伝わって、市民全体の心の中に浸透し、公共精神を虜《とりこ》にするようなことがあれば、いずれそれは新たな社会の運動を麻痺させ、キリスト教徒をトルコ人に変えてしまうかも知れぬと予想できる。

私は加えて、このような教義はわれわれの時代にはとりわけ危険だと言いたい。現代人は誰もが自分の弱さによって力の限界を至るところで感じているだけに、自由意志を疑うのは当たり前すぎるほどだが、それでもなお社会という人間のまとまりには力と独立を喜んで認める。この発想を鈍らせないように警戒しなければならぬ。大切なのは魂をひき上げることであって、これを打ちのめしてしまうことではないからである。

# 第二一章　合衆国における議会の雄弁について

貴族制の国民にあっては、すべての人が互いに支えあい、依存しあっている。すべての人が階層の絆で結ばれ、それによって誰もが居場所を保ち、全体が従順な状態にある。こうした国民の政治的合議体の中では、いつもこれに似た事態が繰り返される。そこでは自然に何人かの領袖の下に党派が形成され、その集団は政治の外で身につけたある種の本能によって領袖に従う。彼らは小さな社会に全体社会の習俗をもち込むのである。

民主的な国では、しばしば多数の市民がある同じ点を目指して進むことが起こる。だが誰もが一人で歩き、少なくとも一人で歩いていると自惚《うぬぼ》れる。自分自身の衝動にのみ従って動くことに慣れているので、外から規律を与えられることに容易なことでは承服しない。こうした独立の好みと習慣は全国規模の会議にまでもち込まれる。共通の計画の遂行のために他人と手を組むことに同意しても、誰もが少なくとも自分のやり方を守って共通の成功に協力できることを望む。

民主的な国々で、党派が上からの指導を非常に嫌がり、危険がよほど大きくならないと統制がとれないのはこのことに由来する。そうした状況では領袖の権威は党員の行動と言論を指図するところまでいくが、それでも彼らを黙らせるところまではまずほとんど及ばない。

貴族制の国民では、政治的合議体のメンバーは同時に貴族階級の一員でもある。彼らの誰もが高く安定した身分を有しており、議会で占めている地位は彼らの目には、国の中で占めている地位に比べてしばしば重要性がないように見える。このことが慰めとなって、彼らは政治の討論に役割を果たさなくとも意に介さず、凡庸な役割を求めるのに熱中し過ぎることはない。

アメリカでは、通常、代議士は議会に得た地位によってのみ何者かになる。彼はだから議会で重要性を得たいという欲求に絶えず苛《さいな》まれ、いついかなる時にも自分の考えをそこで披瀝《ひれき》したいという熱い思いに駆られる。

彼は自分の虚栄心からこうした方向に向かうだけではない。支持する選挙民の虚栄心とその意を常に迎えねばならぬ必要からも、そうせざるを得ない。

貴族制の国では、立法府のメンバーが選挙民にきつく縛られることは稀である。しばしば、選挙民にとってこそ議員がなくてはならぬ代表のようなものである。ときには、議員が選挙民を厳しく縛り、もし、とうとう選挙民が支持を拒んだとしても、彼にとって他の選挙区の指名を受けるのは容易である。あるいは、政治の道をあきらめて、暇な生活に閉じこもることもあるが、そうした生活も依然として輝かしいものである。

合衆国のような民主的な国では、代議士が支持者の精神を持続的に支配することはまずほとんどない。どんなに選挙母体が小さくとも、民主政の不安定性から、その様相は絶えず変化する。だから毎日これをつかまえておく必要がある。支持が絶対確実だとは決して安心できない。そして、もし支持者を失えば、議員はたちまち何の力もなくなる。なぜなら、彼は身近にいない人々が簡単に認識できるほど高い地位を得ているわけではもちろんないからである。しかも市民は完全に自立しているから、友人や政府が自分を全然知らない選挙区に押し込んでくれることも期待できない。それゆえ、彼の幸運の芽はすべて彼が代表する選挙区の中に埋まっており、この片隅から出馬しなければ、国民に号令する地位に上ることも世界の運命を動かすこともできない。

したがって、民主国において、政治的合議体のメンバーが党派よりも支持者のことを考え、貴族制では、支持者よりも自分の党派のことに心を奪われるのは自然の成り行きである。

しかしながら、選挙民を喜ばすために言うべきことが自分の信奉する政治的意見のために為すべきことといつも同じとは限らない。

党派としては、その構成員である議員が知りもしない大問題について決して語らぬ方が全体の利益となることがしばしばある。小さな問題についても、大きな問題の進行に支障が出ないように、あまり語らぬ方がそのためになる。それどころか、まったく沈黙を守るほうがたいていはよいのである。沈黙を守ることこそ凡庸な演説家が公共に対して為しうる最大の貢献である。

だが選挙民は決してそのように理解しない。

ある選挙区の住民が一市民に国家の政治に関わる任務を課すのは、彼の能力を非常に高く評価するからである。人間は周囲により小さな存在しかいないほど大きく見えるものだから、代理人に対する評価は彼が代表する選挙民の中に才能が少ないほど、高くなると思われる。だからしばしば、選挙民として期待できるものが少ないほど、彼らは代議士に多くのものを期待することがある。そして、どんなに彼が無能であっても、選挙民は彼に与えた地位に相応しい目立った働きを強要することになるであろう。

選挙民は彼らの代表に、国家の立法議員と別に、立法府における選挙区の保護者を見る。選び出した人たち一人一人の法定代理人とこれを見なすと言っても過言でなく、国全体の利益に劣らず彼らの個別利益の実現に熱意をもって当たるだろうと期待する。

したがって、選挙民は以下のことを確信して疑わない。選出する代議士は雄弁家となり、可能な限り演説し、機会が限られる場合にも、少なくともその数少ない演説の中で選挙民自身の不平の種である細かな苦情をことごとく並べ立て、加えて国家の大問題をすべて検討するはずであると。そのようにして、頻繁に演壇に登ることはできないにしても、機会あるごとに能力の限りを発揮し、絶えず長広舌を揮わぬとしても、時々は短い言葉ですべてを尽くし、支持者と彼自身の要求を見事に、また完璧に要約して欲しいと、こう考えるのである。こうした要求と引き換えに、彼らは次の選挙での投票を約束する。

このことは己れを知っていれば、とても演壇に登れるはずのない正直な凡人を絶望に追いやる。そうした絶望に駆り立てられて、代議士が演説を始めると同僚にとっては大きな苦痛である。彼はこの上なく名高い雄弁家たちの中に無謀にも飛び込んで、討論を混乱させ、議場を退屈させる。

選ばれたものを選挙民により従属させる傾向をもつあらゆる法律は、私が別のところで指摘したように、議員の行動を変えるだけでなく、その言語をも変える。争点とそれについての語り方に同時に影響を及ぼすのである。

連邦議会のメンバーのほとんど誰もが故郷に帰る前にせめて一度は議会演説をせねばおさまらず、長広舌を振るって連邦を構成する二四州のため、とりわけ自分の代表する選挙区に役立つことをすべて言おうとして、その前に中断させられて我慢するものはまずいない。こうして議員は、喋っている当人もしばしば理解できず、ぼんやりとしか示せない重大な一般的真理と、特に能力があって彼が見出し、提示したわけでもないごく些細な個別問題を入れ替わり立ち替わり聞くものの前に並べて見せる。だからこそ、非常にしばしば、この重要な国家機関の中で討論は曖昧になり、混乱し、目標に向けて進むというより、引きずられているように見える。

私の考えるところ、民主制国家の公的合議体には何ほどかこれに似たことが常に見られる。

幸運な状況とよい法律が民主的国民の立法府にアメリカ人が連邦議会に送っている人々よりはるかにすぐれた人間をひきつけるのに成功することもあろう。だがそこにいる凡庸な人々がことあるごとに悦に入って堂々の弁をふるうことは妨げ得ない。

この弊害は完全には矯正しがたいと私には思われる。というのも、それは議会の規則のためではなく、その構造、いや国の構造そのものに由来するからである。

合衆国の住民自身そうした見方をしているように思われ、彼らは悪しき演説を控えるのでなく、勇気をもってこれを我慢して聞くことによって、長期にわたって議会政治が役立つことを証明してきた。彼らは経験によって避けられないと教えられた害悪としてこれを我慢する。

われわれは民主政における政治討論の悪しき側面を示した。今度はよい面を明らかにしよう。

イギリス議会にこの一五〇年間起こったことは外国にはまったく反響を生まなかった。議会の演説家が表明した思想と感情は英国人の自由の大舞台のすぐそばにいる諸国民においてすら、いつもほとんど共感を呼ばなかった。これに対して、革命期にアメリカのちっぽけな植民地議会で最初の論争が起きたそのときから、ヨーロッパは震撼《しんかん》させられた。

これは特別で偶然の状況のせいだけではなく、一般的持続的な原因のためである。偉大な弁士が民主的議会の中で大きな問題を議するさまほど賛嘆に値し、それ以上に力強いものを私は知らない。階級が自分たちの利益の保持を任務とする代表をそこに送ることはないから、議員は常に国民全体に対し、国民全体の名において語る。このことが思想を拡げ、言葉を高尚にする。

前例はほとんど力をもたず、特定の財産に付随する特権も、特定の団体や特定の個人に固有の権利も存在しないから、精神は関心のある個別問題を扱うためにも、人間の本性に発する一般的真理にまで遡ることを余儀なくされる。ここから、どんなに小さくとも民主的な国民の政治討論にはある普遍的な性格が生まれ、それがしばしばその討論を人類にとって魅力あるものにする。どこでも同じ人間が議論の対象だから、誰もがそれに興味をもつのである。

ところが、最も偉大な貴族的国民にあっては、この上なく一般的な問題もほとんど常にある時代の慣行やある階級の権利から引き出されたなんらかの個別的理由から扱われる。それは問題の階級、あるいはせいぜいその階級を中に含む国民の興味しかひかない。

わが国の政治論議が時として大きな波及効果を世界に及ぼす理由は、フランス国民の偉大さとこれに耳を傾ける諸国民の好意的気分もさることながら、この原因に求めるべきである。

わが国の雄弁家は同国民に対しているだけなのに、しばしばすべての人間に語りかける。

# 第二部　デモクラシーがアメリカ人の感情に及ぼす影響

## 第一章　民主的諸国民が自由より平等に一層熱烈で一層持続的な愛着を示すのはなぜか

境遇の平等が生む情熱のうち第一で最も激しいもの、それは、言うまでもなくこの平等自体に対する愛着である。私が他のあらゆる情熱を措いてそれについて語るのは驚きではあるまい。

すでに誰もが言っていることだが、われわれの時代、とりわけフランスでは、この平等の情熱は日ごとに人の心の中により大きな場所を占めるに至っている。現代人は自由より平等に対してははるかに熱烈ではるかに執拗《しつよう》な愛着をもつという指摘は何度となく聞かされた。だがこの事実の原因にまで遡ることはまだ十分なされていないと思う。これを試みよう。

自由と平等が接触し、渾然一体となる極点を想像することはできる。

あらゆる市民が政治に参加し、各人が平等な参政権をもつと想定してみよう。このとき何人《なんぴと》も同胞と異ならず、圧政的な力をふるうことは誰にもできないであろう。人々は誰もがまったく平等であるがゆえに完全に自由であり、また、まったく自由であるがゆえに誰もが完全に平等であろう。民主的諸国民が目指すのはまさにこの理想である。

これは平等が地上でとり得るもっとも完璧な形態である。だが、これほど完全ではないにしても、それらの国民にとってほとんどそれに劣らず貴重な形態が他にもたくさんある。

平等が市民社会に確立して、政治の世界には行き渡らないということがありうる。同じ快楽に興じ、同じ職業に就き、同じ場所に集まる権利、一言で言えば、生活様式を同じくし、同じ手段で富を追求する権利はあるが、誰もが政治に同じ役割を果たしてはいない、という形がある。

政治的自由がまったくないにもかかわらず、政治社会にある種の平等が確立することさえある。人は一人を除いて誰もが同胞と平等な存在であり、この一人が区別なしに万人を支配し、万人の中から平等に彼の権力の代理人を選ぶ。

他にいくつも仮説をつくることは容易であり、相当に大きな平等*が自由度の異なるさまざまな制度と結合する場合、いやまったく自由でない制度と結びつくケースさえ考えることができるであろう。

〔＊プレイヤード版の une fort grande quantité は une fort grande égalité の誤り。〕

完全な自由なくして人々が絶対的に平等になることはあり得ず、したがって、平等はその極限において自由と一体化するとはいえ、両者を区別する十分な根拠がある。

人間の自由に対する好みと平等に対して感じる好みとは、実際、はっきり区別される二つのものである。さらに、民主的諸国民にあっては、両者は対等でない二つのものだと付け加えることを私は恐れない。

この点に留意すれば、それぞれの世紀には一つの固有の支配的事実があって、他の事実はこれに結びついていることが分かるであろう。この事実はほとんどつねに一つの母なる思想、あるいは主要な情念を生み出し、これがまたあらゆる感情、あらゆる観念を引きつけ、道連れにして進む。それは大河のようなもので、あたりの水の流れは一つ残らずそこに流れ込んでいくように見える。

自由はさまざまな時代にいろいろな形で人々の心に浮かぶ。それはある社会状態に排他的に結びつくわけではなく、民主政の国以外のところにも見出される。それはだから民主的な世紀の際立った特徴ではない。

これらの世紀を際立たせる特別で支配的な事実は境遇の平等である。このような時代に人々を駆り立てる主要な情念はこの平等への愛である。

民主的な時代の人々が平等に生きることにどのような特別の魅力を覚えるか、これを問うてはならない。彼らが社会の提供する他のあらゆる利益を措いて平等に頑なに執着するのに一体どんな特別の理由があるのか、これを尋ねてはならない。平等は彼らの生きる時代の際立った特徴であり、彼らが他のすべてを措いてこれを好む理由を説明するには、それだけで十分である。

だが、この理由と別にいくつかの理由があり、そのために、人々は普通、どんな時代にも自由より平等を好むことになる。

一国の人民が国内に行き渡っている平等を破壊してしまうことは、いや平等を自らの手で減少させることですら、仮にあり得るとしても、長く辛い努力によってのみ起こることである。そのためには社会状態を変え、法律を廃し、思想を一新し、習慣を変じ、習俗を改めねばなるまい。だが、政治的自由を失うには、これをもち続けなければよい。それだけで、自由は消えていく。

人々が平等に執着する理由は、だから、自分にとってそれが貴重だということだけではない。平等はいつまでも続くに違いないと思うことによっても、これに愛着を覚えるのである。

政治的自由の行き過ぎは静穏を乱し、家産を危うくし、諸個人の生活を乱す。このことに気づかぬほど視野が狭く、軽率な人間はいない。ところが、注意深く洞察力のある人間でなければ、平等がわれわれに与える脅威には気がつかず、しかも、そうした人たちはこれを指摘することを通常避ける。恐れている災厄はまだ遠いと知り、災厄に襲われるのは将来の世代、つまり現在の世代が気にかけることのない人々であると安心してしまうのである。自由がもたらす害悪は時として切迫したものである。誰の眼にもはっきり見え、多少の差はあれ、誰もが影響をこうむる。極端な平等から生じ得る害悪は少しずつしか現われない。そうした害悪は社会の中に徐々に浸透する。ときたまにしか目に見えず、もっとも激しくなったときには、すでに慣れてしまっていて人はこれを害と感じない。

自由のもたらす利益は長い時間を経ないと現われず、これを生ぜしめた原因は簡単に無視されるのが常である。

平等の便益は今すぐにも感じられ、源泉から流れ出るのが日々目に見える。

政治的自由は、時々、ある一定数の市民に、至高の喜びを与える。

平等は各人にささやかな楽しみの数々を毎日もたらす。平等の魅力はどんな瞬間にも感じ取れ、誰もが惹きつけられる。もっとも気高い心もこれに無感動ではなく、この上なく卑しい魂はこれを無上の悦びとする。平等が生む情念はだから精力的にして普遍的である。

なんらかの犠牲を払って手に入れるのでなければ、人々が政治的自由を享受することはあるまい。そして、これを獲得するには多くの努力を払わねばならない。だが平等がもたらす快楽はひとりでにやってくる。私生活の些細な出来事の一つ一つから快楽が生じるように見え、これを味わうには、ただ生きていればよい。

民主的国民はいついかなるときにも平等を愛するが、彼らがこれを求める情熱を熱狂にまで亢進《こうしん》させる特定の時代がある。それが起こるのは、社会の古い階層構造が長く攻撃にさらされた挙句、最後の内部抗争の果てに倒壊に至った瞬間、かつて市民を互いに隔てていた垣根がついに取り壊される、そういう時である。人々はこのとき獲物に向かうように平等に殺到し、人に狙われる貴重な財貨ででもあるかのように平等に執着する。平等の情熱が四方八方から人の心に入り込み、そこで広がって、全体を覆う。このように盲目的に一つの情熱にひたすら身を任せれば、自分のいちばん大切な利益を損なうことになると言っても無駄である。彼らは聴く耳をもたない。他所《よそ》を見ている間に自由が手からこぼれていくことを示しても仕方がない。彼らは見る目をもたない。あるいはむしろ、彼らは、宇宙全体の中に、望むに値するただ一つの財しか見出さない。

以上の点はあらゆる民主的国民に当てはまる。次の点はわれわれにのみ関わる。

近代の諸国民の多く、とりわけヨーロッパ大陸諸国のすべての国民にあっては、自由の好みと自由の観念は、境遇が平等になりだしたそのときにはじめて、平等の帰結として生まれ、大きくなった。臣民の序列の平準化に最大の働きをしたのは絶対の力をもった国王たちであった。これらの国民にあっては、平等が自由に先行した。平等はだから、自由がなお新しいものであったときすでに、一個の古い事実であった。後者が単独で、初めて公然と姿を現したとき、前者はすでにそれに固有の意見と慣習と法律をつくり出していた。かくして、後者がなお観念と好みの中にしか居場所をもたなかったとき、前者はとうの昔から習慣に浸透し、習俗を支配し、日常茶飯の行為に固有の刻印を押していた。今日の人々が自由より平等を好むとしても何を驚くことがあろう。

私は民主的な国民は自由を生来好むと考えている。本来の性向からすれば、彼らは自由を求め、自由を愛し、これから隔てられると苦痛なしにはいられない。だが彼らは平等を求める熱烈で飽くことなき情熱、永続的で克服し難い情熱を有する。自由の中に平等を求め、それが得られないと、隷属の中にもそれを求める。貧困も隷従も野蛮も耐えるであろうが、貴族制には我慢できない。

このことはいつの時代にも正しいが、とりわけわれわれの時代にはそうである。この抗し難い力と闘おうとするすべての人間、あらゆる権力はそれによって転覆され、破壊されるであろう。今日、自由はその支えなしに確立されえず、専制でさえそれなしには支配できまい。

# 第二章　民主国における個人主義について

民主的な世紀には、人は誰でも自分自身の中に信仰を求めることを私は明らかにした。そうした世紀には、また、誰もがあらゆる感情を自分一人に向けるということを示そう。

個人主義は新しい思想が生んだ最近のことばである。われわれの父祖は利己主義しか知らなかった。

利己主義は自分自身に対する激しい、行き過ぎた愛であり、これに動かされると、人は何事も自己本位に考え、何を措いても自分の利益を優先させる。

個人主義は思慮ある静かな感情であるが、市民を同胞全体から孤立させ、家族と友人と共に片隅に閉じこもる気にさせる。その結果、自分だけの小さな社会をつくって、ともすれば大きな社会のことを忘れてしまう。

利己主義はある盲目の本能から生まれ、個人主義は歪んだ感情というより、間違った判断から出るものである。その源は心の悪徳に劣らず知性の欠陥にある。

利己主義はあらゆる徳の芽を摘むが、個人主義は初めは公共の徳の源泉を涸らすだけである。だが、長い間には、他のすべての徳を攻撃、破壊し、結局のところ利己主義に帰着する。

利己主義は世界と共に古い悪徳である。ある形の社会の中に多くあって、他の社会には少ないというものではない。

個人主義は民主的起源のものであり、境遇の平等が進むにつれて大きくなる恐れがある。

貴族的な国民にあっては、諸家族は何世紀にもわたって同じ状態のままにあり、しばしば同じ土地に住み続ける。このことは、あらゆる世代をいわば同世代にする。人はほとんどつねに祖先を知っており、祖先を尊敬している。生まれてもいない曾孫を目に浮かべる思いで、これを愛する。祖先や子孫に対する義務を進んで自分に課し、しばしば自分の楽しみを犠牲にして世を去った人々や生まれ来る人々のために尽くす。

加えて、貴族制の諸制度には各人を多くの同胞市民と固く結びつける効果がある。

貴族制の国民の中で諸階級ははっきり区別され、動くことがない。それぞれの階級の成員にとっては自分の属する階級が一種の小さな祖国、国全体よりはっきり見える、大切な国である。

貴族社会では、すべての市民が上下関係の中で変わらぬ地位におかれ、その結果、誰もが上には人がいて自分はその庇護を必要としていることに気づき、下にはまた別の人があってその助力を得られることを見出す。

貴族的な世紀に生きる人々はだからほとんどつねに自分の外にある何かと緊密に結びついており、しばしば自分自身を無視する気にもなる。たしかにこのような世紀には、同胞という一般観念は曖昧で、人類の大義のために身を捧げようとは誰もあまり考えない。だが特定の人間のためにはしばしば自己を犠牲にする。

民主的世紀は逆で、誰もが個人として人類に負う義務は明確だが、一人の人間に対する献身は稀になる。人間的感情の絆は広がり、かつ緩むのである。

民主的な国民にあっては、新たな家族が絶えず無から生まれ、別の家族は絶えず無に戻り、残ったものもすべて姿を変える。時の流れは刻々断たれ、過ぎた世代の名残は消える。人は先立った人たちをすぐに忘れ、後に続く人々のことはなにも考えない。すぐ近くにいる人だけが関心の対象である。

各階級が互いに近づき、混じり合いだすと、成員同士は無関心で疎遠になる。貴族制はすべての市民を下は農民から上は国王に至る一つの長い鎖に結び合わせたが、デモクラシーはその鎖を壊し、環を一つ一つばらばらにする。

境遇が平等になるにつれて、同胞の運命に大きな影響を及ぼすだけの富と力はないが、それでも自活するには十分な知識と財産を獲得もしくは保持している膨大な数の人々が見出される。この人々は誰に義務を負うでもなく、誰かを当てにするようなこともない。自分はいつも一人だと考えるのに慣れ、自分の運命はまるごと自分の手の中にあるとつい思い込む。

このように、デモクラシーは祖先を忘れさせるだけでなく、子孫の姿を見えなくし、一人一人を同時代の人々から引き離す。それは各人を絶えず自分だけのところに引き戻し、ついには自分ひとりの孤独な心に閉じこもらせてしまう恐れがある。

# 第三章　個人主義が他の時代以上に民主革命の後に著しいのはどうしてか

人間相互のこうした孤立とその結果生ずる利己主義がひときわ目立つのは、貴族制の残骸の上に民主社会がまさに形成されるその瞬間である。

このような社会には独立した市民が数多くいるというだけではない。これを毎日埋め尽くしていくのは独立の地位につい昨日達したばかりで、自らの新たな権力に酔っている人々である。こうした人々は自分の力に不遜《ふそん》な自信をいだき、今後は仲間の協力を求めることなどないと思い込み、自分は自分のことしか考えないと態度に示してはばからない。

貴族制は通常長期にわたる闘争の後にはじめて敗北するものであり、闘争の続く間、執拗な憎悪の火がさまざまな階級の間に燃えさかっている。この情念は勝利の後にも残り、直後の民主的混沌の中にその痕跡を追うことができる。

破壊された階層秩序の最上位にあった市民たちはかつての栄光を容易に忘れることができず、長い間、自分を新しい社会の中の異邦人のように思う。彼らはこの新しい社会の中で自分たちと同等になった人々を抑圧者とみなし、そうした人々の運命にいささかの共感も示さぬであろう。古くからの同等の仲間はすでに視界から消えており、共通の利益によって運命がつながっているとはもはや感じられない。誰もがばらばらに自分の中にひきこもっているので、自分の利益だけを考えるのもやむをえないと思う。反対に、かつて社会の階梯《かいてい》の最下層に位置し、突然の革命のおかげで平均の水準に近づいた人々は、ある種のひそかな不安を覚えずには新たに獲得した独立を享受することができない。かつて自分の上にいた人たちを何人か傍らに認めると、勝利感と恐怖心のいり混じった視線を投げかけ、そのそばを離れる。

それゆえ市民が自分に閉じこもる傾向が最も強く表われるのは、通常、民主社会の始まりのときである。

デモクラシーは人々が仲間に近づく気持ちを失わせる。民主革命は仲間から逃げ出す気にさせ、かつて不平等が生ぜしめた憎悪を平等の中に永続させる。

アメリカ人の大きな利点は民主革命に苦しむことなくデモクラシーに到達したことであり、平等になるのでなく、平等に生まれたことである。

# 第四章　アメリカ人は自由の諸制度によってどのように個人主義と闘っているか

専制は本性上臆病なものであって、人々の孤立にそれ自体の永続の最も確かな保証を見出し、通常、人々を孤立させるのにあらゆる配慮を払う。利己主義ほど専制に好ましい人の心の悪徳はない。専制君主は被治者が互いに愛し合わない限り、自分が愛されずとも意に介さない。国家の運営への協力を求めはしない。被治者が自分たちで国家を動かそうと主張しなければ、それで十分である。力を合わせて共通の繁栄を生み出そうと主張するものを社会を騒がす不穏分子と呼び、言葉の本来の意味を変えて、固く自分の中に閉じこもる人々をよき市民と名づける。

したがって、専制の産み出す害悪はまさしく平等の助長する害悪である。この二つはある有害な形で相補い、手を貸しあう。

平等は人と人とをつなぐ共通の絆なしに人間を横並びにおく。専制はその間に垣根を築いて、人と人とを分断する。平等は仲間のことを忘れさせ、専制は無関心をある種の公徳に仕立て上げる。

専制はいつの時代にも危険だが、民主的な世紀には格別恐るべきものである。

このような世紀に人間が自由を特に必要とすることはたやすく分かる。

公共の仕事に関与せざるを得ないとき、市民はいやおうなく個人の利害の世界から引き離され、時には、我を忘れさせられる。

共通の仕事に一緒にとり組んだその瞬間から、誰もがそれまで思っていたほど仲間から独立しているわけではなく、仲間の助けを得るためには、自分もしばしばこれに協力しなければならぬと気づく。

公衆が統治するとき、公衆の好意の尊さを感じぬものはなく、誰もが一緒に暮らさねばならぬ人々の敬愛をかちえて、公衆の心をとらえようと試みる。

人の心を凍らせ、分裂させる情念の多くはこのとき魂の奥底に後退し、そこに身を潜めざるを得ない。高慢は姿を隠し、蔑《さげす》みの心は表に出ない。利己主義は自らの姿に怖じ気づく。

自由な政府の下では、大半の公職が選挙で選ばれるので、自尊心や欲求不満から狭い私生活に閉じこもっている人々も、周囲の住民の支えなしにいられぬことを毎日感じる。

このとき人は野心をいだけばこそ隣人に配慮し、しばしば自分を忘れることが利益になると気づくようなことが起こる。この主張に対して、選挙はありとあらゆる術策を解き放ち、候補者はしばしば恥ずべき手段を用い、敵方は誹謗《ひぼう》中傷をひろめるという反論のあり得ることは承知している。それはたしかに憎悪の舞台であり、選挙が頻繁になればなるほど、憎悪の行き交う場は増える。

これらの害悪はたしかに大きい。だがそれは一時のものであり、それに対して、害悪とともに生ずる便益は持続する。

選挙に勝ちたいという欲求は特定の人々を一時的に相互に戦わせる。だが同じその欲求が長期的にはすべての人が互いに協力し合うことを促す。そして、一つの選挙がたまたま二人の友人を引き裂くことがあるとしても、選挙の制度は、それがなければいつまでも他人のままでいたような多くの市民を恒久的に近づける。自由は個別的憎悪を生むが、専制は一般的無関心を生ぜしめる。

アメリカ人は自由によって平等が生ぜしめる個人主義と闘い、これに打ち克った。

アメリカの立法者は、民主的な時代にこのように本来的で有害な病を治療するのに、国民全体を代表する制度を与えるだけでは不十分と考えた。それに加えて、国土の各部分に政治の場をつくり、市民が一緒に行動し、相互の依存を日々意識させる機会を限りなく増やすのがよいと考えたのである。

これは知恵のあるやり方であった。

一国全体の政治の仕事は主だった市民にしか関わらない。こうした人々が一堂に会する機会は時々あるだけである。しばしば、散会すればもう会うこともないので、彼らの間に恒久的な絆は結ばれない。だが、一つの地区《カントン》の固有の事務をそこに住む人々に執り行わせるときには、同じ人々がいつも接触し、いやでも知り合い、意を通じ合う。

人を私事から引き離し国家全体の運命に関心をもたせるのは難しい。国家の運命が自分の身の上にどんな影響を及ぼすことがあるか、よく分からないからである。だが自分の土地の端に道路を通さねばならぬとなれば、この小さな公共事業と自分の最大の私的事業との間に関連のあることは一目瞭然であり、そこでは私益が全体の利益と緊密につながっていることに、他人に言われるまでもなく気づくであろう。

市民の関心を公共の利益に向け、その実現のためには相互の絶えざる協力が必要であることを市民に理解させるには、だから、小さな事業の管理を委ねる方が、大きな事業の指導を任せるよりもはるかに役に立つ。

華々しい手柄をたてて、国民の人気を瞬時に博することはできよう。だが近隣の住民の敬愛を得るためには、長期にわたってささやかな奉仕を行い、地味な職務に励み、変わらぬ善意の習慣を身につけ、私心のない人だという評判を確立せねばならない。

地方の自由があると、多数の市民が隣人知己の厚情を高く評価するようになる。地方の自由はだから人と人とを隔てる本能に逆らって、人々を絶えず仲間のもとに立ち戻らせ、助け合うことを余儀なくさせる。

合衆国では、もっとも富裕な市民が民衆から孤立しないように気を配る。それどころか、彼らは絶えず民衆に近づき、その声に進んで耳を傾け、毎日これに話しかける。彼らは民主政の国の金持ちはつねに貧乏人を必要としており、しかも民主的な時代に、貧しい人の心を引きつけるのは施しよりも態度物腰であることを知っている。莫大な施しは境遇の違いを浮き彫りにし、かえって施しを受ける人々の心にひそかな苛立ちを覚えさせる。だが飾り気のない物腰には抵抗し難い魅力がある。打ち解けた態度にはつい引き込まれ、粗野な言動でさえ気にならないことがある。

金持ちたちの頭にこの真理が一度に入るわけではない。民主革命が続いている限り、この真理に抵抗するのが彼らの常であり、革命が終わっても、直ちにこれを受け容れはしない。民衆のために尽くすことには進んで同意しても、なお慎重に民衆からの距離を保とうとする。金持ちがそれでよいと思うのは、間違いである。それでは周囲の人々の心を温めることにならず、彼らは身を滅ぼすであろう。人々は金銭の犠牲を要求しているのではない。驕《おご》りを捨てることを求めているのだ。

合衆国では、誰もが公衆の富を増し、その必要を満たす手段の発明に創意工夫を傾けて飽きることがないように見える。各地域のもっとも学識ある人たちが共同の繁栄を増すのに役立つ新たな秘訣を見出すために絶えずその知識を提供しており、秘訣を何か見出すと、すぐにこれを大衆の用に供する。

合衆国で為政者がしばしば示す悪徳と無力とを仔細に検討するにつけ、国民の繁栄の増大に驚かされるが、驚くことが間違いである。選挙で選ばれた役人がアメリカのデモクラシーを繁栄させているのではない。役人が選挙で選ばれるから、繁栄しているのである。

アメリカ人の愛国心と彼らの一人一人が同胞市民の幸福を願う熱意に実質がないと考えるのは正しくないであろう。合衆国でも他のところと同じように、人間行動の大半は私的利害に動かされているとしても、それがすべてを決めているわけではない。

私はアメリカ人が公共の問題のために大きな犠牲を真実払う場面をしばしば見たと言わねばならない。必要に応じて彼らが誠実に助け合うということはもう何度も指摘した。

合衆国の住民のもつ自由の諸制度、そして、かれらが頻繁に行使する政治的諸権利は絶えず、またありとあらゆる仕方で、市民一人一人に社会の中に生きている事実を想い起こさせる。それらは、仲間の役に立つことは人間の義務であると同時に自分の利益になるという考えに市民をいつも立ち返らせる。そして、誰もが決して仲間の奴隷でも主人でもない以上、とりたてて憎む相手は一人もおらず、自然、心は人に対する善意に傾く。最初は必要から、次には選択によって、人は全体の利益を考える。計算であったものが本能に変わり、そして、同胞市民の福祉のために働いているうちに、いつか彼らに対する奉仕の習慣と趣味とを身につける。

フランスでは多くの人が境遇の平等を第一の害悪、政治的自由を第二とみなしている。前者の影響をこうむることが避けがたくなると、せめて後者からは免れようと努力する。私としては、平等が生む可能性のある弊害と戦う効果的な手段は一つしかない、それは政治的自由であると言おう。

# 第五章　アメリカ人が市民生活の中で行う結社の利用について

私はここで、人々が多数者の専制的行為や王権による権利の侵害に対して身を守るために頼ろうとする政治的結社について語るつもりはない。この問題はすでに別のところで扱った。市民の一人一人が弱体化し、その結果自由を単独で保持することが不可能になるにつれて、これを守るために仲間と手を結ぶ術を各人が学ばないとすれば、暴政は平等とともに必然的にその力を増すであろう。それは明らかである。

ここでは市民生活において形成され、なんら政治的目的をもたない結社だけを論じることとする。

合衆国に存在する政治的結社はありとあらゆる結社の総体がそこに描き出す巨大な絵画の一細部をなすに過ぎない。

アメリカ人は年齢、境遇、考え方の如何《いかん》を問わず、誰もが絶えず団体をつくる。商工業の団体に誰もが属しているだけではない。ありとあらゆる結社が他にある。宗教団体や道徳向上のための結社、真面目な結社もあればふざけたものもあり、非常に一般的なものもごく特殊なものも、巨大な結社もあれば、ちっぽけな結社もある。アメリカ人は祭りの実施や神学校の創設のために結社をつくり、旅籠《はたご》を建設し、教会を建立し、書物を頒布するため、また僻遠の地に宣教師を派遣するために結社をつくる。病院や刑務所や学校もまた同じようにしてつくられる。ついには一つの真理を顕彰し、偉大な手本を示してある感情を世間に広めたいときにも、彼らは結社をつくる。新たな事業の先頭に立つのは、フランスならいつでも政府であり、イギリスならつねに大領主だが、合衆国ではどんな場合にも間違いなくそこに結社の姿が見出される。

私はアメリカで正直なところそれまで想ってもみなかったような結社に出会い、合衆国の住民が手段を尽くして共通の目標の下に多数の人々の努力を集め、しかも誰もを自発的に目標の達成に向かわせる、その工夫にしばしば賛嘆の声を上げた。

私はその後イギリスを旅行した。アメリカ人はその法制のいくつかと慣習の多くをこの国から受け継いだのであるが、ここではアメリカのように結社を絶えず、また巧みに活用しているようにはとても見えなかった。

イギリス人は非常な大仕事を一人で行うことがあるのに対し、アメリカ人はどんなに小さな事業にも団体をつくる。前者が結社を行動の一つの有力な手段と考えているのは明らかだが、後者は行動するための唯一の手段と見ているかにみえる。

このように地上でもっとも民主的な国はまた共通の欲求の対象を共同で追求する技術

に今日もっとも習熟し、この新しい知識をこの上なく数多い目的に適用してきた国である。このことは偶然の結果だろうか、それとも結社と平等の間には必然の関係が事実あるのではなかろうか。

貴族社会の中にはつねに、自分では何をなす力もない無数の人々に囲まれて、きわめて大きな力と富を有する少数の市民が存在する。この人々は誰もがたった一人で大きな事業をなす力をもっている。

貴族社会にあっては、人々が全体として固く結びついているから、行動するために結社をつくる必要がない。

そこでは、富と力を有する市民が、それぞれ、恒久的で脱退できない一つの結社の長のようなもので、この結社の構成員はすべて彼に従属させられ、彼の計画の実現に協力させられている。

ところが、民主的な国民にあっては、市民は誰もが独立し、同時に無力である。一人ではほとんど何をなす力もなく、誰一人として仲間を強制して自分に協力させることはできそうにない。彼らはだから、自由に援《たす》け合う術を学ばぬ限り、誰もが無力に陥る。

民主的な国に住む人々が政治的目的のために団体をつくる権利と趣味をもたないとすれば、彼らの独立は大きな危険にさらされるであろう。それでも、富と知識とは長く維持することができるかもしれない。だが日常生活の中で結社をつくる習慣を獲得しないとすれば、文明それ自体が危機に瀕《ひん》する。私人が単独で大事をなす力を失って、共同でこれを行う能力を身につけないような人民は、やがて野蛮に戻るであろう。

民主的国民にとって結社がこのように必要不可欠であるのはその社会状態のためであるが、不幸なことに、その同じ社会状態が他のいかなる国民の場合以上にこうした国民が結社をつくるのを難しくする。

貴族階級の複数の成員が結社をつくろうと望むとき、成功は容易である。彼らの一人一人が社会に大きな勢力を有するので、参加者の数はごく少なくて構わない。そして、参加者が少数であれば、知り合って理解し合い、変わらぬ規則を作るのはたやすい。

民主的諸国では、結社がいくらかでも力をもつためには加入者の数が多くなければならないから、このように簡単にはいかない。

わが同時代人の多くにとって、これはなんら心配の対象でないことは分かっている。彼らは、個人が無力、無能になるのに応じて、政府をより有能、より行動的にして、個人のできないことを社会が遂行できるようにしなければならぬと考える。そう言えばすべての答えになると彼らは信じている。だが、それは間違いだと思う。

政府はアメリカの最大級の結社のいくつかの代わりにはなるであろう。実際、連邦の中で、いくつかの州はすでにこれを試みている。だが、いかなる政治権力といえども、アメリカ市民が結社によって毎日遂行している数限りない小さな事業を行うには十分であるまい。

容易に予測できることだが、生きる上で必要不可欠でありふれた物事でさえ、人が単独でつくりだすのはますます難しくなる時が近づいている。社会の力の為すべき仕事はだから絶えず増大し、その活動自体が日ごとにその仕事を拡大している。社会の力が結社に取って代われば代わるほど、諸個人は互いに協力する気を失って、その援けを求めようとするであろう。これは休みなくめぐる因果関係である。行政はついには単独の市民ができないあらゆる事業を指導することになりはしないか。そして、土地所有の分割が行き過ぎて、耕地が無限に細分化し、農夫の結社が耕作するしかないという時が来るとすれば、政府の長は国家の舵《かじ》を捨てて犂《すき》を取りに来なければならなくなるのではないか。

政府がいたるところで結社に取って代わるとすれば、民主的人民の精神と知性もその商売と産業に劣らず危険にさらされるであろう。

感情と思想があらたまり、心が広がり、人間精神が発展するのは、すべて人々相互の働きかけによってのみ起こる。

このような行動が民主的諸国にほとんどないことを私はすでに示した。そこではだからこれを人為的につくらねばならない。そして、これは結社だけがよく為し得ることである。

貴族集団の成員が新しい思想を採用し、新しい感情を心にいだくとき、彼らは自分自身が乗っている大きな舞台にこれらの思想と感情を並べているようなものであり、このように大衆の目にさらして、周囲のあらゆる人々の精神あるいは心の中にそれらを簡単に注入してしまう。

民主的諸国において自然にそのように行動できるのは社会の力しかないが、その行動がいつも不十分でしばしば危険であることはたやすく分かる。

大規模な国で国民の感情と思想の流通を単独で維持し、刷新することは、すべての産業計画を指導するのと同様、政府の手に余る仕事であろう。政治の領域から脱して、この新しい道に身を投じた瞬間から、政府は欲せずして耐え難い暴政を行うことになろう。なぜなら、政府は厳格な規則を押しつけることしか知らぬからである。政府は気に入った感情と思想を押しつけるもので、政府の命令と政府の助言を区別することはいつも難しい。

政府がなにものも動かぬままにしておくことが真の利益だと信ずるとすれば、一層悪いことになる。そのとき政府はじっと動かず、自ら選んだ眠りに耽りながら国民の重圧となるばかりであろう。

したがって政府が単独で動かぬことが必要なのである。

民主的な国民にあって、境遇の平等によって消え去った有力な個人に代わるべきは結社である。

合衆国の住民の何人かがある感情や思想をいだいてこれを世間に広めようと望むと、彼らは仲間を探し、仲間が見つかると団体をつくる。この時から、もはや孤立した人々ではなく、遠くから目に見え、行動が手本になるひとつの権力が語り、耳目を集めるのである。

合衆国で十万人からの人々が強い酒を飲まないと公に約束しているという話を最初に聞いたとき、私には真面目ではなく冗談のように思われ、それほど節度のある市民たちが自分の家で水を飲んでいるので満足できない理由が当初分からなかった。

やがて私は、これら十万のアメリカ人は、周囲に酒害が広がるのに脅威を感じて、節酒を後援しようとしたのだということを理解した。彼らは一般市民に贅を軽んじることを教えるために、いつも同じ身なりで通した大領主とまさに同じ行為をしていたのである。もしこの十万の人々がフランスに住んでいたとすれば、一人一人別々に政府に宛てて、王国全土の居酒屋の取締りを請願したであろう。

私の見るところ、アメリカの知的精神的結社ほどわれわれの注目を引くに値するものはない。アメリカ人の政治的、産業上の結社はわれわれの見聞にすぐ入る。だが他の結社は見逃してしまう。そして、これを見出したとしても、理解するのは難しい。似たようなものをほとんど見たことがないからである。けれどもこれらの結社はアメリカ人にとって政治上、産業上の結社と同じように、いやおそらくそれ以上に必要不可欠なのである。

民主的諸国において、結社の学は母なる学である。他のあらゆる学の進歩はその進歩に依存している。

人間社会を律する法の中で、他のあらゆる法以上に厳密で明確に思われるひとつの法がある。人々が文明状態にとどまり、あるいは文明に達するためには、境遇の平等の増大に応じて、結社を結ぶ技術が発展し、完成されねばならない。

# 第六章　結社と新聞の関係について

人々がもはや相互に固く恒久的に結びついていないとき、多数の人間を共同の行動に向けるには、協力を得る必要のある対象一人一人に、その人個人の利益が他の人たちと力を合わせることを促していると説得しなければならないであろう。

新聞の力を借りなければ、これは普通、簡単にはできない。たくさんの人々に同じ考えを一度に吹き込むことができるのは新聞だけである。

新聞は探し求めずとも向こうからやってくる助言者であり、毎日手短かに共通の関心事について語り、こちらの仕事の邪魔はしない。

新聞はだから人間が平等で個人主義が恐るべきものであればあるだけ一層必要になる。新聞は自由の保障に役立つだけだと考えるとすれば、その重要性を減ずることになるであろう。新聞は文明を支えるものである。

私は、民主国において、新聞がしばしば市民を軽率な行動に共通に駆り立てることがあるのを否定しようとは思わない。だが、もし新聞がなければ、共通の行為というものがほとんどなくなるであろう。それが生み出す害悪はだからそれが矯正する害悪よりはるかに小さい。

新聞は多くの人々に同じ計画を提示するという役に立つだけではない。人々が自ら思いついた計画を共同で実行するための手段をも提供する。

貴族制の国に住む指導的市民たちは遠くにいても知り合っている。彼らが力を結集しようと思えば、集結地に向けて進むうちに群衆がついてくる。

ところが、民主国ではしばしば、沢山の人間が結合の意志を有し、その必要があっても、これをなし得ないことがある。誰もがまったく小さくて群衆の中に埋もれ、互いに姿が見えず、どこにいるか分からないからである。そこへ突然、新聞が声を上げて、これらの人々の心に同時に、しかし別々に現れた感情と思想を人目にさらす。たちまち誰もがこの光に向かい、長い間闇の中を手探りしていたこの移ろいやすい人々がついに出会い、結びつく。

彼らを結びつけた新聞は、彼らを一つにしておくためにその後も必要である。

民主国の人民において結社がなんらかの力をもつためには、多人数でなければならない。これを構成する人々はだから広い空間に散在し、それぞれ財産も少なければ、その必要上無数の些事に追われるから、誰もが住んでいる土地に縛られている。彼らは、会うことなしに毎日語り合い、集まることなしに歩調を合わせる手段を見つけなければならない。したがって、新聞なしですむ民主的結社はほとんどない。

結社と新聞の間にはだからある必然的関連が存在する。すなわち、新聞は結社をつくり、結社がまた新聞をつくるのである。そして、境遇が平等化するにつれて結社の数も増えるはずだというのが正しかったとすれば、新聞の数も結社の数が増えるにつれて増大するということもそれに劣らず確かである。

したがってアメリカは世界中で結社と新聞の数がどちらももっとも多い国である。

新聞の数と結社の数とのこの関係はわれわれをまた定期刊行物のあり方と国の行政形態との間にあるもう一つの関係の発見に導く。民主的国民における新聞の数は行政の集権の程度に応じて増減するはずであることが分かるのである。なぜなら、民主的国民にあっては、地方権力の行使を貴族制におけるように指導的市民の手に託すわけにはいかないからである。そのような権力は廃絶するか、その行使を非常に多くの人々にゆだねなければならない。これらの人々は法律によって恒久的に設立された真の結社を構成して、国土の一部分の行政に当たる。そうした人々にとっては、自分自身の瑣末な仕事に追われているところへ新聞が毎日届いて、公共の事務がどんな状態にあるかを教えてくれることが必要なのである。地方的権力の数が多くなり、法律によってそれらの権力の行使に呼び出される人々の数が増大し、そしてこの必要性が一刻一刻大きく感じられるにつれて、新聞は氾濫《はんらん》する。

合衆国の新聞の数があのように著しく多いのは、政治的自由が大きく、新聞の独立が絶対であるためというより、行政権力の異常な細分化のためである。連邦のすべての住民が選挙権保有者だとしても、その選挙権が州議員の選出に限られる制度の下であったならば、ごく少数の新聞しか必要としないであろう。その場合、一緒に行動する機会は非常に重要だが、ごく稀な折にしかないからである。だが、巨大な全国的結合の内部に、法律は各州、各市、いやほとんど各村々に地域の行政を目的とする小さな結社を設立した。立法者はこのようにアメリカ人一人一人が何人かの同胞市民と日々協力して共通の仕事に携わることを強制しており、したがって誰にとっても、他の人々のしていることを新聞に教えてもらう必要がある。

国民代表の制度がなくとも地方の小権力がたくさんある民主的国民(1)は、選挙で選ばれる立法部の傍らに集権的行政が存在する民主国より多くの新聞をもつことになるだろうと思う。合衆国で日刊紙が驚くほど数多く出ていることのもっともよい説明は、私の見るところ、アメリカ人にあっては国政における最大の自由があらゆる種類の地方の自由と結びついているという事実にある。

一般にフランスとイギリスでは、新聞の数を限りなく増やすには、出版にかかる税を廃止すればそれでよいと考えられている。この考えはそのような改革の効果の過大評価である。新聞はただ安ければ増えるのではなく、多くの人々が情報を共有し、共同の行動をとる必要が繰り返しどれくらいあるか、その程度に応じて増減するのである。

同様に私は、新聞の力の増大を、今日しばしばなされている説明より一般的な理由に帰するであろう。

新聞はひとつの教義、あるいは多くの人に共通の感情を再生産する限りで存続し得る。新聞はだから、いつでもその定期購読者を成員とする一つの結社を現わしているのである。

この結社の形がはっきりしているかどうかはさまざまであり、結びつきの固さ、人数の多さもいろいろあり得る。だが人々の精神のうちに少なくとも結社の芽が存在するのであり、それがある限り、新聞は死なない。

このことは本章を終える最後の考察にわれわれを導く。

境遇が平等になればなるほど、人間個人の力は弱くなり、人々はますます大衆の流れに身を任せ、大衆が見捨てた意見に単独で固執することはいよいよ難しくなる。

新聞は結社の現われである。それは読者一人一人に他のすべての読者の名において語りかけると言ってよく、個々の読者が弱くなればなるほど、いっそう容易に読者をひき寄せる。

新聞の力はだから人間の平等が進むにつれて増大するに違いない。

# 第七章　市民的結社と政治的結社の関係

政治的目的で結社をつくる無制限の自由が日々行使されている国は地上に一つしかない。この国はまた市民が結社の権利を市民生活の中で持続的に行使することを思い立ち、それによって文明の提供しうるあらゆる恩恵を手にすることに成功した世界でただ一つの国でもある。

政治的結社が禁止されているあらゆる国で、市民的結社は稀である。

これが偶然の結果であろうはずはない。むしろ、この二種の結社の間にはある自然な関係、いやおそらくは必然的な関係が存在すると結論すべきである。

たまたまある何かのビジネスに共通の関心をいだく人たちがあるとしよう。商社の経営でも、産業への投資でもよい。彼らは一堂に会し、団体をつくる。こうして少しずつ結社になじむ。

共通に関わる小さな仕事の数が増えれば増えるほど、人々は知らず知らずのうちに、大きな仕事を共同で遂行する能力を身につける。

市民的結社はだから政治的結社の活動を容易にする。だが、他方、政治的結社は独特の形で市民的結社を発展させ、完成させる。

市民生活においては、誰でも仕方がなければ、自分は一人で満足であると思い込むことができる。政治においては決してそうは思えまい。それゆえ、一国の人民が公共の生活を営むとき、結社の観念と結合の意欲はあらゆる市民の精神に毎日現れる。人間が共同の行動に生まれつきどんなに嫌悪を覚えるとしても、党派の利益のためにはいつでも喜んでこれを行うであろう。

したがって政治は結社活動の好みと習慣を一般化する。政治に関わらなければいつまでも単独で生活していたであろう多くの人々に、政治は他人と協力する欲求をいだかせ、これを行う技術を教える。

政治は多くの結社を生み出すだけではない。それは巨大な結社をつくり出す。

市民生活においては、同じ利害関心が数多い人々を一つの共同行動に自然にひきつけることは稀である。そのような関心対象を首尾よくつくるには、大変な工夫がなければならない。

政治においては、その機会がいつでもひとりでに生じる。まず、結社の一般的価値がはっきり現われるのは大きな結社においてだけである。個人として無力な市民たちは団結によっていかなる力を獲得できるか、予《あらかじ》め明確につかんでいるわけではない。これを理解するには、成果を見せてもらわねばならぬ。ここから、少数より大勢の人々を共通の目的に結集する方がしばしばやさしいということになる。千人の市民に団結の利益は見えないが、一万人になれば、これがはっきり見える。政治において人々は大事業のために団結するが、重大問題における結社の活用は瑣末な問題で助け合う利益を彼らに実地に教える。

政治的結社は無数の個人をいっせいに私生活の外に引き出す。年齢、気質、財産によってどんなに本来隔たっていても、政治的結社は諸個人を近づけ、接触させる。ひとたび出会えば、その後いつでも再会できる。

たいていの市民的結社に加わることは、自分の財産の一部を提供することなしにはできない。実業と商事の会社はすべてそうである。人々が結社をつくる技術になおほとんど熟達せず、その主要な規則に無知であるとき、彼らは初めて結社を結ぶ際、経験のために高い授業料を払うことになりはしないかを恐れる。彼らはだから随伴する危険を冒すより、成功の有力な手段をあきらめる方を好む。だが何の危険もないように見える政治的結社へ参加するのにためらいは少ない。自分の金を危険にさらすわけではないからである。ところで、長期にわたってこの種の結社の一員であれば、どうすれば大勢の人間の間に秩序を維持することができ、彼らを同じ目的に向けて一致して規則正しく進ませるにはどんなやり方をすればよいか、そのコツを必ずや発見するであろう。人はそこで自分の意志を他のすべての人の意志に従わせ、個人の努力を共通の行為に従属させることを学ぶのであり、これらはすべて政治的結社に劣らず市民的結社においても知るべきことなのである。

政治的結社はだからすべての市民が結社の一般理論を学習しに来る無料の大きな学校と見なすことができる。

政治的結社が市民的結社の進展に直接役立たないとしても、前者を破壊することは後者を害することになるであろう。

市民がいくつかの場合にしか結社をつくれないとき、彼らは結社を異例で特異な手法と見なし、これに訴えようとはなかなか思わない。

いかなる事柄においても自由に結社をつくるのが許されているとき、市民はやがて結社に、人が自ら掲げるさまざまな目的の達成のために用い得る普遍的でいわば唯一の手段を見ることになる。新たな欲求が生まれるとそれは早晩結社をつくろうという発想を呼びさます。結社の技術は先に述べたように母なる知識である。誰もがこれを学び、これを応用する。

ある種の結社は禁止され他の結社は許されるとき、予《あらかじ》め後者から前者を区別することは難しい。疑心に駆られてどんな結社をつくるのも控え、ある種の世論がそこに形成されて、いかなる結社も挑発的でほとんど不法な企てと見なされることになる。(1)

それゆえ、結社の精神をあるところで抑圧しながら、他のすべてにおいてそれが変わらぬ活力をもって発展すると考え、特定の事業に共同で取り組む許可を与えれば、人々は争ってこれを試みることになると思うのは幻想である。市民があらゆる目的のために結社を結ぶ能力と習慣を身につけたとき、彼らは大きなことのために劣らず小さなことのためにも好んで結社をつくるであろう。だが小さなことのためにしか結社をつくれないとすれば、これを行う意欲も能力も見失うことになろう。商売を共同で行う完全な自由を残しても無駄である。彼らは許された権利をただなんとなく行使するだけであろう。為政者は禁じられた結社から人々を遠ざける努力に疲れた果てに、許された結社の形成を説得することが不可能になっているのに驚くであろう。

私は政治的結社が禁じられている国に市民的結社が存在し得ないとは言わない。なぜなら、人間はいくつかの共同の事業に関わることなしに社会生活を送れるはずがないからである。だが、そのような国では、市民的結社は常にごく少数で、構想は貧しく運営は下手であろうし、遠大な計画をいだくことは決してなく、これを実行しようとすれば失敗するだろうと主張したい。

このことは私を自然に次のような考えに導く。すなわち、政治における結社の自由は人が考えるほど公共の静謐《せいひつ》にとって危険ではなく、それはしばらくの間国家を揺るがしても、その後はこれを強固にすることになるかもしれないと私は思う。民主的な国において、政治的結社は国家を制御しようと欲する唯一の有力な私人のようなものである。だからこそ、今日の諸政府はこの種の結社を、かつて中世の国王が大諸侯を見たのと同じ目で見ている。ある種の本能的恐怖をこれに対して覚え、出会うたびに闘っている。

ところが、諸政府は市民的結社に対しては自然な好意をもっている。というのも、これらの結社は市民の精神を公共の問題に向かわせるどころか、それから目を逸《そ》らさせるのに役立ち、公共の平安なしには達成できない計画に次々と市民を関与させているうちに、彼らを革命から引き離すであろう、このことに政府は容易に気づくからである。だが、今日の諸政府は政治的結社が市民的結社を増加させ、その活動を驚くほど助けていることを考慮せず、一つの害悪を避けることによって効き目のある治療薬を断っていることに気づいていない。政治的意見の普及のため、政府の公職にある政治家を推し、あるいはまた別の政治家から権力を奪う目的で、アメリカ人が毎日自由に結社をつくるのを目の当たりにすると、これほど独立心旺盛な人々がどんなときにも放縦《ほうしょう》に陥らないことは理解し難い。

他方、数限りない実業計画が合衆国で共同で遂行されていることを考慮し、さらにもし、最小の革命が起こっても困るような重大で困難な計画の実行にアメリカ人が倦《う》むことなく働いているさまをいたるところに見出すとすれば、これほど忙しく働いている人々が、国家を攪乱《かくらん》し、自分たちが利益をこうむっている公共の安息を破壊する気になるはずのない理由は容易に分かるであろう。

これらの事実を別々に見れば十分で、両者をつなぐ隠れた結び目を見出す必要はないのだろうか。アメリカ人はその地位、精神、年齢を問わず、まさに政治的結社の中で結社についての一般的な好みを身につけ、その活用に慣れていく。彼らはそこで多くの人と出会って、語り合い、話を聞き、そしてありとあらゆる企画に共同で熱中する。彼らは次いでこのようにして得た観念を市民生活に持ち込み、さまざまな用途に役立てるのである。

それゆえアメリカ人は一つの危険な自由を享受することによって自由の危険をより小さくする術を学ぶ。

もし一国の生存のある特定の瞬間を選ぶならば、政治的結社が国家を攪乱し、産業を麻痺させることを証明するのは容易である。だが一国の人民の生涯全体をとってみれば、政治における結社の自由が市民の幸福に役立ち、静穏な生活を援けることさえあるのを示すことはやさしい。

私は本書の第一部でこう述べた。「結社の無制限の自由を著述の自由とまったく同一視してはならない。この自由は後者に比べて必要性はより小さく、危険性はより大きい。国民がこれに制限を加えても、自らの主人であり続けることは可能である。主人であり続けるために、これを制限しなければならぬときもある。」さらに先でこう付け加えている。「政治における無制限の結社の自由が、あらゆる自由の中で人民の耐えうる最後の自由であるという事実に目をつぶることはできない。それは人民を無政府状態の中に投げ込みはしないとしても、いわばいつでもその縁《ふち》に立たせるものである。」

〔訳書第一巻(下)四二、四五ページ。ただし、前の引用の冒頭の句は第一巻では「政治における結社の無制限の自由」となっている。〕

このように、私は国民が政治において結社をつくる絶対的権利を常に市民に許すことができると考えるものではない。いかなる国、どんな時代であれ、結社の自由に限界を付さぬのは賢明でないとさえ思っている。

ある国民を指して、結社の自由を狭い限界内に閉じ込めない限り、国内の平穏を維持して順法精神を吹き込むことも、長続きする政府を樹立することもできまいといわれる。

これらの恩典はたしかに貴重なものであり、これを獲得し、維持するために国民が一時的に自らに大きな束縛を課すのに同意するという事態も理解できる。だがそれでも、これらの恩沢のために払った犠牲を正しく知ることは大事である。

人の命を救うために腕を切断するということは理解できる。だが、手を失う前と同じように器用に腕が使えるようになると保証してもらおうとは決して思わない。

# 第八章　アメリカ人は利益の正しい理解の説によって個人主義とどのように闘うか

世の中を少数の有力で富裕な個人が動かしていたころ、そうした人たちは人間の義務を好んで崇高に想い描いた。彼らは自己を忘れることは輝かしく、神御自身のように利害抜きで善を為すべしと宣言して得意になっていた。これがその時代の公式の道徳説であった。

私は貴族的な世紀に他の時代より人間が有徳であったかどうかは疑わしいと思う。だが、徳の美しさについて人が絶えず語っていたことは確かである。どの点で徳に効用があるかはひそかに検討しただけであった。だが、想像力の羽ばたきが低下し、誰もが自己に閉じこもるにつれて、道徳批評家は犠牲という観念に恐れをなし、もはやあえて人間精神にこれを提示しようとしなくなる。彼らはだから、市民の個人的利益が万人の幸福を害するとも限らないのではないかを探求することになる。そして、個人の利益が全体の利益と出会い、一体となる点を一つ発見すると、早速これに光を当てる。類似の観察結果が少しずつ数を増す。孤立した見解に過ぎなかったものが一般の説になり、ついには、人は同胞の役に立つことで自分自身に仕えるのであり、個人の利益はよき行いにあると悟ったと思う。

私はすでに本書のいくつかの箇所で、合衆国の住民はほとんどどんな場合にもどうすれば自分自身の幸福を同胞市民の幸福に結びつけられるか知っていることを示した。ここで指摘したいのは、彼らがそうするときに援けとなる一般理論である。

合衆国では徳が美しいとはほとんど言わない。それは有用だと主張し、毎日これを証明する。アメリカの道徳批評家は仲間のために身を犠牲にすることは立派なことだからこれを行えとは主張しない。大胆にも、そのような犠牲はそのおかげをこうむるものに劣らず犠牲を払うものにとっても必要だと言うのである。

アメリカの道徳批評家は、彼らの国、彼らの時代には、人は抵抗し難い力によって自分自身の立場に引き戻されることに気づいており、これを制止するのをあきらめ、これを導くことしか考えない。

彼らはだから各人が自分の利益を追求できることを否定しない。ただ誰でも正直であることは得になるという証明に努力する。

私はここで彼らの論理の詳細に立ち入るつもりはない。それは私の主題からの逸脱になろう。彼らの論理は同胞を納得させていると言えば十分である。

昔モンテーニュが言っている。「私がまっすぐの道をとるのは、それがまっすぐだという理由からではないにしても、経験で、結局それが、普通にもっとも成功し、もっとも有益な道であると知っているからだ。」

〔『随想録《エッセー》』第二巻一六章。訳文は、世界文学大系『モンテーニュⅡ』(筑摩書房)、二〇ページ、原二郎訳による。〕

利益の正しい理解という説はだから新しいものではない。だが、今日のアメリカ人にあっては、それは普遍的に受け容れられている。大衆のものとなり、すべての行為の根底に見出され、あらゆる言説に浸透している。金持ちに劣らず、貧乏人の口からその説が出てくる。

ヨーロッパでは、利益の説はアメリカにおけるよりはるかに粗雑だが、同時にそれほど普及せず、明確に主張されることはとりわけ少ない。そしてわれわれの国では、偉大な献身を行うものはもはやいないのに、なおこれを装うものは毎日現われる。

ところが、アメリカ人は日常生活の行動のほとんどすべてを利益の正しい理解の説を借りて説明することを好む。彼らは開明された自己愛がどのようにして人を絶えず相互の助け合いに向かわせ、自分の時間と財産の一部を進んで国家のために捧げる気にさせるかを得意気に述べる。私はこの点で、しばしば彼らは自分自身を正当に評価していないと思う。というのも、合衆国でも他の国と同じように、ときには人間に自然に備わる無私で後先を考えない感情の高揚に身を任せる市民たちが見られるからである。だがアメリカ人はこの種の衝動に負けるとはなかなか認めない。自分を褒《ほ》めるより自分の哲学を称揚したいのである。

私としてはここで話を止めて、以上に述べたことについてあえて判断を下さないでいることもできるかもしれない。主題が極度に難しいことは言い訳になろう。だが私はこれを望まず、読者を中途半端に放置するよりは、読者が私の目的をはっきり理解した上で、私の議論に従うのを拒否する方がよいと思う。

利益の正しい理解という考えは高尚ではないが明晰で確実な説である。それは偉大な目標の達成を求めないが、狙った目標はたいした努力なしにすべて達成する。どんな頭にも理解可能だから、誰でも簡単にこれを把握し、容易に忘れない。人間の弱さに見事に適合しているので、その説はたやすく大きな力を獲得し、その力を長く保持することも難しくない。というのも、それは個人の利益に訴えて個人の利益を克服し、情念をかきたてる刺戟を利用して情念を制御するからである。

利益の正しい理解の説は偉大な献身を生まないが、人を毎日ささやかな自己犠牲に誘う。それだけでは人を有徳にすることはできないだろうが、規律を守って節度があり、穏健かつ用意周到で自己抑制に富む市民を大量に形成する。そして、それは意志をもって直接徳に向かわないとしても、習慣によって知らぬ間にそれに近づく。

もし利益の正しい理解の説が道徳の世界を完全に支配するようなことがあれば、並外れた美徳はおそらくずっと稀になるだろう。だが、私はまた、そのときにはひどい堕落は少なくなると思う。利益の正しい理解の説はたしかに何人かの人たちが人間性のレベルをはるかに超える高みに上ることを妨げる。だが、いままでそのレベルの下にいた別の多くの人々は人間性の標準に上り、そこにとどまる。若干の個人を考えれば、この説は人を低下させる。種全体をとってみれば、向上させる。

私は恐れずに言うが、利益の正しい理解の説はあらゆる哲学理論のうちで現代の人間の必要にもっとも適するものである。私はそこに自己自身の抑制のために現代人に残されたもっとも強力な保障を見出すと言ってはばからない。それゆえ現代の道徳批評家はもっぱらこの説に目を向けるべきである。これを不十分な理論と判断したとしても、なお必要な理論としてこれを採用しなければなるまい。

私は、全体としてみて、わが国の方がアメリカより利己主義が多いとは思わない。唯一の違いはあちらではそれが啓蒙されており、こちらではまったくそうでないというところにある。アメリカ人は一人一人が個人の利益の一部を犠牲にして残りを救う術《すべ》を知っている。われわれはすべてを保とうとして、しばしばすべてを失う。

私が周囲に見る人たちは、現代人に向かって毎日言葉や手本を示して、有益なものは決して不誠実なことではないと教えたがるような人ばかりである。だとすれば、いずれ、誠実は有用であることを分からせようと試みる人たちを見出すことにならないだろうか。

境遇の平等の増大が人間精神を有用なものの追求に向かわせ、各市民を自己に閉じこもらせるのを妨げることのできる権力はどこにもない。

それゆえ個人の利益が人間行動の唯一ではないとしてもかつてなく主要な動機となるときは間違いなく近い。だが人が個人の利益をそれぞれどのように考えるか、それはこれから分かることである。

もし市民が平等になりながら、無知で粗野なままであるとすれば、彼らの利己主義がどれほど愚かな行き過ぎに至るか予測するのは難しく、彼らが同胞の繁栄のために自分の幸福のなにがしかを犠牲にすることを恐れるあまり、どんなに恥ずべき卑しさに身を落としてしまうか、予《あらかじ》め言うことはできまい。

私は、アメリカで説かれているような利益の説がすべてにわたって明白だとは思わない。だがそこに含まれている多くの真理はきわめて明白なので、人々を開明さえすれば、みなこれを理解する。それゆえ何を措いても人々を開明しなければならない。盲目的献身と本能的美徳の世紀はすでにわれわれから遠く去り、自由と公共の平和、いや社会秩序さえ啓蒙なしに済ましえない時代が近づきつつあるからである。

# 第九章　アメリカ人は利益の正しい理解の説をどのように宗教に適用するか

もし利益の正しい理解の説が現世しか視野に入れないとすれば、十分というには程遠い。なぜなら、報いが来世にしかない犠牲行為は数多くあり、徳の有用性の証明にどんな精神的努力を傾けても、死ぬのがいやな人間をよく生きさせることはいつでも難しいからである。

それゆえ利益の正しい理解の説が宗教的信仰とうまく調和し得るかどうかを知る必要がある。

この説を説く哲学者たちは人々にこう語る。幸福に生きるためには情念を警戒し、注意深くその過剰を抑えるべきであり、持続的な幸福を手にするには、多くの刹那的享楽を拒否しなければならない。そして、自分を大事にしたいのなら不断に自己を克服しなければならないと。

ほとんどあらゆる宗教の創始者はほぼこれと同じ言葉を述べている。彼らは人間に別の道を示したのではなく、ただ目標をより遠くにおいたに過ぎない。犠牲を強いた代償を現世ではなく来世においたのである。

とはいえ、私は宗教的精神から徳を実践する人々がすべて代償のためだけに行動しているという考えは拒否するものである。

私は熱烈なキリスト教徒が我を忘れて比類ない熱意をもって万人の幸福のために働くのに出会ったことがある。しかもその人々が来世の幸福に与《あずか》るためだけにそうしたと言うのを聞いた。だが彼らは思い違いをしていると考えざるを得ない。彼らに対する尊敬の念が彼らの言葉を信じさせない。

たしかに、キリスト教は天国に入るためには自分を捨てて他人を選べと教える。だがキリスト教はまた神の愛によって隣人に善を為すべしとも教えている。これは荘厳な言い方である。すなわち、人は知性によって神の考えを推し量り、神の目的は秩序にあると知って、この偉大な計画に自由な意志で参加する。そして、この賛嘆すべき万物の秩序のために個人の利益を犠牲に供しながらも、神の秩序に思いをいたす悦びの他にいかなる報いも求めないのである。

私はだから宗教的人間の唯一の行動の動機が利益にあるとは信じない。だが利益は宗教でさえ人々を導くのに用いる主要な手段であると思うし、宗教が大衆をとらえ、広まるのはこの側面によることを疑わない。

私はだから利益の正しい理解の説がどうして人を宗教的信仰から遠ざけることになるのか、その理由がはっきり分からない。逆に、それが人をどのようにして宗教に近づけるか、それは私には見抜ける気がする。

現世の幸福を手にするためにあらゆる機会に本能に抵抗し、日常のすべての行動を冷静に計算する人間を想定してみよう。原初的欲望の高まりに流されることなく、これに打ち克つ術を学び、生涯の恒久的利益のために一時の享楽を苦もなく犠牲にすることに慣れているとしよう。

もしこのような人間が信仰をもって宗教を奉じているとすれば、それが課する掟に従うことは彼にとってなんら辛くはなかろう。理性自体が彼にそうせよと助言し、身についた習慣がこれを我慢させる。

万が一、救いの望みに疑念をいだいたとしても、いつまでもそれにこだわることはなく、来世に約束されている巨大な遺産に与る権利を保持するために現世の富のいくらかを賭するのも賢いと判断するであろう。

「キリスト教を正しいと信じて誤りだったとしても失うものは大きくないが、それを間違いと信じて誤りだったとすればなんと不幸なことだろう」とパスカルは言っている。

〔引用は『パンセ』の有名な「賭け」についての断章(ラフューマ版、四一八)の趣旨を要

約したものと思われるが、パスカルのテキストにそのままの文章は見当たらない。〕

アメリカ人は来世に対して卑俗な無関心を決して装わない。子供っぽい傲慢から、避けたいと望んでいる危険を軽視したりすることはない。

彼らはだから恥じることなく確信をもって宗教の勤めを果たす。だが、通常、彼らの熱意のまさに中心に、なんとも言えず静かで整然とし、計算ずくのものが見出される。そのため、彼らは心よりもはるかに理性に導かれて祭壇の下に額ずいているように見える。

アメリカ人は利益に引かれて宗教に従うだけでなく、宗教に従って得られる利益をしばしば現世に求める。中世には、聖職者は来世のことしか語らなかった。真面目なキリスト教徒は現世においても幸福であり得ることをわざわざ示そうとは思いもしなかった。だがアメリカの説教者は絶えず地上に戻り、目をそこから離すことが容易にできない。聴衆の心をもっとつかもうとして、彼らは宗教的信仰がどのように自由と公共の秩序の助けになるかをいつも示す。彼らの説教を聞いていると、宗教の主要な目的は来世において永遠の至福を得させるにあるのか、それとも現世の幸福か、しばしば分からなくなる。

# 第一〇章　アメリカにおける物質的幸福の好みについて

アメリカでは、物質的幸福を求める情熱は常に排他的というわけではないが、一般的である。誰もが同じようにこの情熱に駆られはしないとしても、誰もがこれを身に感じている。そこでは、最低限の肉体的欲求を満たし、こまごました生活用品を蓄える関心が遍《あまね》く万人の心をとらえている。

同じようなことはヨーロッパでも次第に顕著になりつつある。

このような結果を両世界に生み出す原因の中には、私の主題に近く、私の示すべきものがいくつかある。

富が世襲的に同じ家系に属して固定しているとき、多くの人が物質的幸福を享受しながら、それだけを好んでいるわけではないのが分かる。

人の心をもっとも強く執着させるのは、貴重なものを安全に所有しているときではなく、これを手に入れたいという欲望が十分満たされず、それを失う恐れが絶えない時である。

貴族社会では、金持ちは彼らがおかれている状態と別の状態を経験したことがないから、それを変えたらどうなるかと恐れたりしない。別の状態を想像することさえ難しい。物質的幸福はだから彼らにとって生きる目的ではなく、一つの生き方である。彼らはいわばこれを生活そのものと見なし、意識せずにこれを享受している。

誰もが感ずるよい暮らしをしたいという自然で本能的な気持ちがこのように何の苦労も何の危惧もなしに満たされるので、彼らの魂は別のところに向かい、なんらかのより困難でより偉大な事業に耽《ふけ》り、これに興奮し、引きずられていく。

このようにして、貴族階級の成員は物質的享楽の中にありながら、しばしばそうした享楽に対し傲慢な侮蔑をあらわにし、ついに享楽を断念しなければならぬ時が来ると、異様な精神力を発揮する。貴族制を揺り動かし破壊したあらゆる革命は、有り余る富に慣れた人々がいともたやすく必需品の欠乏に耐えうることを示した。ところが、刻苦精励の果てに生活のゆとりを得た人々はこれを失うとほとんど生きていけない。

上層身分から下層階級に目を転じてみると、似たような結果が別の原因から生まれることが分かるであろう。

貴族階級が社会を支配し、その動きを停止させている国民にあっては、金持ちが豊かさに慣れるように、民衆は貧しさに慣れてしまう。一方は物質的幸福を苦もなく保持するがゆえにこれに無頓着であり、他方はその獲得に絶望し、そのものを全然知らないから欲しがることもなく、そのためこれを気にかけない。

この種の社会では貧乏人の想像力は来世に向けて弾《はじ》け飛ぶ。実生活の貧しさは想像力を萎《しぼ》ませるが、それはまた貧しさを離れてその外に悦びを探し求める。

ところが、諸身分が混じり合い、特権が破壊されるとき、また家産が分割され、知識と自由が広がるそのときには、よい暮らしを手にしたいという熱望が貧乏人の想いに生じ、これを失うことへの恐れが金持ちの心に現われる。ささやかな財産が無数につくられる。その所有者はその味を知るに足る物質的享楽を手にするが、これに満足するには十分でない。努力しなければ享楽を手にできず、不安に震えることなしに享楽に耽ることがない。

彼らはだからこのかけがえのない、しかしまたあまりにも不確かで逸しやすい楽しみを絶えず執拗に追い求め、保持しようとする。

生まれの卑しさや財産の小ささを意識し、それによって行動を制約される人々に自然な情熱を探してみて、私は安楽を好む気持ち以上にぴったりするものを見出さない。物質的幸福を求める情熱は本質的に中産階級の情熱である。それはこの階級とともに増大し、広がる。それはこの階級とともに圧倒的になる。この階級から発して上層身分をとらえ、民衆の中にまで下降する。

私がアメリカで出会った市民は、どんなに貧しくとも、富裕な人々の享楽に期待と羨望のまなざしを向け、過去の身の上ではどうにも手に入らなかった財物をいつの日かつかむ想像をめぐらしていた。

他方、私は、豪勢この上なく、放埒《ほうらつ》きわまる貴族階級の中に時に見られる物質的幸福に対するあの見事なまでの軽蔑を、合衆国の金持ちの間には決して見ることがなかった。

これら合衆国の金持ちの大半は以前は貧乏だった。彼らはずっと窮乏の痛みを肌に感じ、長く逆境と闘ってきた。だから、ようやく勝利をかちえた今も、闘いに付随した情熱が彼らには残っている。四〇年にわたって追い求めたこのささやかな享楽の中で、彼らはいまだに酔いしれている。

合衆国に、他と同じように、相続財産を得て、自分で獲得したのでない富を努力なしに保有する金持ちがいないわけではない。しかし、こうした人たちでさえ物質的生活の享受への執着が少ないわけではない。安楽への愛が国民全体の支配的な好みになっているのである。人の情熱の大きな流れはそこに向かい、すべてをその流れに引き込む。

# 第一一章　物質的享楽への愛着が民主的世紀に生み出す特殊な帰結について

読者は、これまでの叙述から、物質的享楽への愛着がアメリカ人を不断に習俗の混乱に向かわせ、家族を乱し、ついには社会それ自体の行く末を危険にさらすに違いないと思われるかもしれない。

だが、事実はまったく異なる。物質的享楽への情熱はデモクラシーにおいては貴族制の国民におけるのとは別の結果を生む。

国務に嫌気がさして有り余る富を享受し、信仰は失われ、国家は退廃の極にある、このような状況が次第に貴族の心を逸脱させ、ひたすら物質的享楽に向かわせることが時として起こる。また別の場合、君主の力あるいは人民の無力のために、貴族が財産を脅かされることなく権力から遠ざけられ、こうして大事に関わる道を閉ざされたために、欲望の追求に身を焦がすよりないという状況に追い込まれることもある。このとき彼らは自分自身の重圧に潰され、肉の快楽に溺れて過去の栄光を忘れようとする。

貴族の身分に属する人たちがこのようにひたすら物質的享楽に向かうとき、彼らは長い間権力の行使に慣れてきたことから身につけた精力のすべてをこの方面に注ぎこむのが常である。

このような人々にあっては安楽の追求だけでは十分でない。贅を尽くした堕落、まばゆいばかりの腐敗でなければならない。彼らは物質に荘厳な礼拝を捧げ、必死に耽溺《たんでき》の術を極めんとしているかに見える。

かつての力と栄光と自由が大きければ大きいほど、貴族階級の腐敗はこのとき著しく、彼らの過去の美徳がどれほど輝かしかったとしても、あえて予言すれば、悪徳の輝きは常にこれを凌駕《りょうが》するであろう。

物質的享楽の好みは民主的国民をこれほどの行き過ぎに至らせることはない。安楽への愛着はそこでも執拗かつ排他的で、普遍的な情熱だが、しかし抑制されたものである。一人の男の情熱をさらに満足させるために広壮な宮殿を建て、自然を征服しあるいはこれを欺き、世界の富を汲み尽くそうというわけではない。自分の耕地をなにがしか増やし、果樹園をつくり、家を大きくし、生活を毎日少しずつ楽で便利にし、障害を除去してささやかな欲求を努力もまたほとんど代償もなしに満たすこと、これらが関心の対象である。これらの目標はちっぽけだが、心の執着は強い。毎日これらの目標が目の前に浮かび、ついには他のすべてを人の心から隠してしまう。このような小さな関心が人の心と神との間を埋めてしまうことがある。

そうしたことは市民の中でも財産の少ないものにしか当てはまらず、金持ちはかつて貴族制の世紀に見せた趣味と同じような趣味を依然として示すだろうと言われるかもしれない。これには異議がある。

物質的享楽に関しては、デモクラシーにおけるもっとも富裕な市民も民衆の好みと別の好みを示すことはないであろう。民衆の出自であれば、実際に同じ趣味を分かちもっているし、そうでなくともそれに合わせるべきだと考えるからである。民主社会では、公衆の感覚的欲望は一定の穏やかで静かな歩調をとり、誰もがそれに同調させられる。徳においても悪徳においても共通の規準から逸脱することは難しい。

民主国に生きる金持ちはだから並外れた享楽を求めるより、ささやかな欲求の満足を目指す。彼らは無数の小さな欲求で満足し、破目をはずした激情にとりつかれることはない。こうして彼らは放埒よりも軟弱に陥る。

民主的世紀の人々が物質的享楽に対していだくこの独特の好みは本来秩序に反するものではない。それどころか、これを満たすにはしばしば秩序が不可欠である。まして規律ある習俗の敵ではない。なぜなら良俗は公共の静謐に役立ち、産業を盛んにするからである。しばしばそれはある種の宗教道徳と結びつきさえする。人は可能な限りの幸福を現世に望みつつも、来世の望みを諦めはしないからである。

物質的な財貨のうちには、もつことが犯罪となるものもある。そうしたものは注意深く回避される。宗教と道徳が用いることを許す別のものもある。人はためらうことなく心と想像力と命を賭けてこれらを追求する。そして、これらの許された財を手にせんとする努力のあまり、人類を栄光に満ち偉大なものとしている、はるかに貴重な宝を見失ってしまう。

私が平等を非難するのは、それが人々を禁じられた享楽の追求に誘う点ではない。許された享楽の追求に人を完全に没頭させてしまうことなのである。

このようにして、一種実直な物質主義が世間に根を張るかもしれず、それは人の魂を腐敗させはしないとしてもこれを柔弱にし、やがては一切の精神のばねを音もなく弛緩させるであろう。

## 第一二章　ある種のアメリカ人は、なぜ、あれほど高ぶった霊的熱狂《スピリチュアリスム》を示すのか

現世の財を得る欲求はアメリカ人を支配する情熱だが、それが緩むこともあって、そのとき彼らの魂は突如として物欲の縛りを断ち、一気に天に向かって立ち消えようとするかに見える。

連邦のあらゆる州、といっても主に西部の人口の少ない諸州のことだが、説教師たちが神の言葉をあちこち伝えてまわる姿に時々出会うことがある。

年寄りも女子供も一緒に、人々が家族総出で険しい道のりを越え、人気のない森を通って、僻遠《へきえん》の地から彼らの話を聴きにやってくる。そして、説教師と出会い、その話を聴く数日間、幾晩かの間は、仕事を忘れ、切実な肉欲からも遠ざかる。

アメリカ社会では、あちこちに、ヨーロッパでは決して見ない熱狂的でほとんど野蛮な霊的熱狂にとりつかれた人々を見かける。時として、そこには、永遠の幸福に向かう異様な道を拓かんと努める奇妙なセクトが設立される。宗教的狂気はここではありふれたものである。

これは驚くことではない。

無限を好み、不死なるものを愛するのは、人間が自分で選んだ好みではない。こうした崇高な本能は意志の気まぐれから生まれるものではない。その不動の根拠は人間の本性にある。この本能は、人の努力にもかかわらず存在するのである。人はこれを妨げ、形を変えることはできるが、破壊することはできない。

魂には満たさねばならぬ欲求がある。魂それ自体の関心から離れるようにどれほど努めても、魂はいずれ飽き足らなくなり、人は肉欲に溺れる中で魂の不安と動揺を覚える。

もし人類の大多数がひたすら物質的幸福の追求に集中することになるとすれば、少数の人々の魂には激烈な反動が生じるものと予想される。そうした人々は、肉体が押しつける狭すぎる枠の中で身動きが取れなくなるのを怖れて、狂ったように霊的世界に飛び込むであろう。

それゆえ、地上のことしか考えない社会の中に、天を仰ぎ見ることしか望まぬ少数の個人に出会ったとしても驚くべきではない。幸福の追求に専念する国民の下でやがて神秘主義が広がらないとすれば、その方が私には驚きである。

皇帝による迫害と闘技場の責苦が〔エジプトの〕テーベの荒れ野にキリスト教徒を追いやったといわれるが、私としては、むしろローマの悦楽とギリシャのエピクロス派の哲学が原因だと思う。

もし社会状態と状況、そして法律がアメリカ人の精神をあまりにも狭い幸福追求に閉じ込めていないとすれば、たまたま精神が物質を超える関心をいだいたときにも、もっと控えめでより経験に根ざし、容易に穏健化するであろう。だが、アメリカ人の精神は脱することを望み得ない限界に閉じ込められていると感じている。この限界をひとたび超えると、どこで止まればよいか分からず、ときとして一挙に常識の限界の彼方に走り去ってしまう。

# 第一三章　アメリカ人は安楽な生活の中でなぜあのように落ち着きがないのか

旧世界の辺鄙《へんぴ》な地域には、いまだに時として、周囲の世界の喧騒からとり残され、周りのすべてが動いているときにびくとも動じない少数の住民に出会うことがある。こうした人々の大半は無知で貧しいことはなはだしい。彼らは統治の業務にまったく関わらず、しばしば政府は彼らを抑圧する。にもかかわらず、彼らの顔つきは通常穏やかで、しばしば気質は陽気に見える。

私はアメリカでこの上なく自由で最高に開明され、世界でいちばん幸福な境遇にある人たちを見た。ところが、彼らの表情にはある種の影がいつもさしているように見えた。娯楽に耽っているときでさえ、彼らは深刻でほとんど悲しげに見えた。

この違いの主な理由は前者が現に苦しんでいる苦痛を気に病まないのに対して、後者はまだ手にしていない財物のことを絶えず思い浮かべるところにある。

アメリカ人は何という熱に浮かされて安楽を追求し、しかも、絶えず、安楽に至る最短の道を選び損ねたのではないかという漠然たる不安にどれほど苛まれていることだろう。ここに見られるのはなんとも異様な光景である。

合衆国の住民のこの世の財に執着すること、まるで死ぬはずがないと確信しているかの如くであり、目前に現われる財を瞬時に奪う速さは、あたかもこれを享受する前に死んでしまうのではないかといつも恐れているように見える。彼は何でも手にとるが、大事に抱きしめたりせず、すぐに放り出して新たな楽しみを求める。

合衆国では、人は老後を過ごすために入念に家を建て、しかも屋根を葺《ふ》いているうちにこれを売却してしまう。果樹園をつくり、もう少しで果実を味わえるというときに、貸しに出す。畑を開墾して、収穫を刈り取るのは他人に任せる。専門職に就いてはすぐに辞める。ある土地に落ち着いてもすぐに気が変わって別の場所で新たな生き方を求める。自分の仕事が少しでも暇になると、すぐに政治の渦中に身を投じる。そして、仕事に明け暮れた一年の終わりになお何日かの余暇が残ると、広大な合衆国の果てをあちこちめぐって飽くことなき好奇心を発揮する。アメリカ人はこうして、幸福に飽きた気晴らしに数日で五〇〇里の旅程もこなすであろう。

ついに死が訪れて、この歩みを止めるまで、アメリカ人は、常に逃げていく完全なる至福を求めてこの無駄な追求を飽きることなく続ける。

これほど大勢の人々が豊かそのものの暮らしの中で示すこの特異な動揺を目のあたり

にすると、最初は驚くほかない。この光景はしかしながら世界とともに古いものである。新しいのは一国の人民全体がこれを演じていることである。

このようにアメリカ人の行動には密かな落ち着きのなさが顕れ、彼らの気まぐれは日ごとの実例の示すところだが、そうした落ち着きのなさと気まぐれの第一の源泉は物質的享楽の好みにあると考えるべきである。

現世の財の追求しか心にないものはいつも時に追われる。これを発見し、取得し、享受する時間は限られているからである。人生は短いという想いが絶えず彼を苛立たせる。現に何を所有していようと、他の無数の財がいつも頭に浮かび、急がないと死に妨げられてそれらを楽しめなくなると焦る。この考えは彼の心を悩みと不安と後悔でいっぱいにし、魂を一種の絶えざる震えの中におく。彼が人生の計画と住む場所を次々と変えるのはこの魂の震えのせいなのである。

ある社会状態においては法も習慣も人を一所に留めておかないが、もしそうした社会状態が物質的享楽の好みと結びつくならば、この事態は精神の不安をさらに大きくかきたてる。このとき人々は幸福に導くべき最短の道を間違えたのではないかという心配から、ひっきりなしに進路を変えるであろう。

さらに容易に理解できることだが、物質的享楽の追求に情熱を賭ける人々が心底これを求めると、すぐに嫌になることも間違いない。最終目的は楽しむことにあり、目的を達成する手段は迅速で簡単でなければならない。そうでなければ、楽しさを手に入れるために払う苦労が楽しさを上回ってしまうだろう。そこでたいていの人たちの心は熱烈にして柔弱であり、思いは激しいがいらいらも募ることになる。しばしば、同じ目的に向かって持続的な努力を続けるくらいなら、死ぬのも怖くなくなる。

平等はまたより直接の道を通って私が今述べた結果のいくつかに至る。

生まれと財産の諸特権が破壊され、あらゆる職業が万人に開かれ、そしてそれぞれの職業の頂点に誰もが自力で到達することが可能なときには、人間の野心の前に広々として平坦な出世の道が開かれたように見え、人々はとかく栄光の生涯が自分を待っていると夢想する。だがこれは誤った見通しであって、日々の経験によって改められる。平等は市民それぞれに将来への大きな期待をいだかせるが、その同じ平等がすべての市民を個人では無力にする。それは彼らの欲望の拡大を許しながら、あらゆる面で彼らの力に限界を付する。

自分自身が無力なだけでなく、彼らはまた初めは気づかなかった巨大な障害に歩くたびに出会う。

彼らは同胞のうちの若干のものがもっていた迷惑な特権を破壊したが、今度は万人と競合することになる。制約の場所というよりその形が変わったのである。人々がほとんど相似たものになって同じ道を通るとき、足を早めて、周りにひしめく画一的な群衆から一人抜きんでることは誰にとっても難しい。

平等から生まれる本能とそれが提供する充足手段とはこうして常に矛盾し、それが人の心を苦しませ、疲れさせる。

人々が一定の自由の段階に達し、これに完全に満足するという事態は考えられる。このとき人は落ち着いて冷静に独立を楽しむ。だがどんな平等を築いても、人間がそれに満足することは決してないだろう。

一国の人民がどんなに努力しても、その中で境遇を完全に平等にするには至らぬであろう。そして、仮に不幸にもこの絶対的で完全な平等に達したとしても、なお知力の不平等は残り、これは直接神に由来するだけに、つねに法の規制の外に出るだろう。

一国の人民の社会状態と政治の基本構造がどれほど民主的であろうとも、市民の誰もが自分の負ける相手を身辺にいつも何人か見出すと考えねばならず、彼は執拗にこの点に目を向けるだろうと予想される。不平等が社会の共通の法であるとき、最大の不平等も人の目に入らない。すべてがほぼ平準化するとき、最小の不平等に人は傷つく。平等が大きくなればなるほど、常に、平等の欲求が一層飽くことなき欲求になるのはこのためである。

民主的な国民にあっては、ある程度の平等を人は容易に獲得するが、欲するだけの平等にはついに到達し得まい。それは日ごとに目の前を遠ざかり、しかし決して視界の外に消えず、後退しながら、さらに人を引きつけて、後を追わせる。今にもつかめそうにいつも思えるが、握ろうとする手から絶えずこぼれる。その魅力を知るには十分近くに見えるが、これを楽しむほどには近づけず、その甘みを心ゆくまで味わう前に人は死ぬ。

民主的な国に住む人々は豊かさの中でしばしば特有の憂愁を表わし、余裕ある静かな暮らしの中で時として生きることへの嫌悪にとりつかれるが、その原因はこれらの点に帰すべきである。

フランスには自殺数の増加を嘆く声がある。アメリカに自殺は稀だが、精神異常は他のどこよりもありふれている。

これは同じ病気の異なる兆候である。

アメリカ人がどんなに不安に駆られても自殺しないのは、宗教がこれを禁じているからであり、また、彼らの間に物質的安楽への情熱がどんなに一般的でも、唯物論はなきに等しいからである。

彼らの意志は抵抗するが、しばしば彼らの理性はたわむ。

民主的な時代には貴族的な世紀より享楽は盛んであり、とりわけこれを好むものの数が限りなく増える。だが、他方、そこでは希望と欲求はなかなか実現せず、魂は一層揺れ動いて落ち着かず、心の悩みが激しいことは認めねばならない。

## 第一四章　アメリカ人にあって、物質的享楽の好みはどのようにして自由への愛と公共の事務への配慮と結びつくか

民主的国家が絶対王政に変わるとき、それまで公共の事務と私的な仕事に向けられていた活動が突如として後者だけに集中し、その結果、しばらくの間は大きな物質的繁栄がもたらされる。だが、やがて動きは緩慢になり、生産力の発展は停止する。

私は、〔フェニキアの〕テュロスの民からフィレンツェ人やイギリス人に至るまで、製造業と商業が盛んで自由でなかった国民を一つでも挙げられるとは思えない。だから、この二つ、自由と産業との間にはある密接なつながり、必然的な関係がある。

このことはあらゆる国民について正しいが、とりわけ民主的な国民に関しては特にそうである。

平等の世紀に生きる人々は欲しがるもののほとんどすべてについて、これを手に入れるためには不断に結社を必要とする。どうしてそうであるかはすでに指摘した。他方でまた、私は、大きな政治的自由が彼らにあって結社の技術をどのように完成させ、一般化するかを示した。自由はだから、このような世紀には、富の生産に特に有用である。

それに対して、専制はとりわけその敵であることが分かる。

民主的な世紀には、絶対権力は残虐でも野蛮でもなく、事細かく口うるさいのがその本領である。この種の専制は人間性を踏みにじりはしないものの、商業の才と工業の本能に真っ向から対立する。

したがって、民主的な時代に生きる人々は、絶えず渇望している物質的享楽をより容易に得るために自由であることを必要とする。

しかしながら、時として、彼らはその種の享楽を好むあまり、目の前に現われる第一の支配者に身を委ねてしまうことがある。このとき安楽を求める情熱はそれ自身に背を向け、意識せずに渇望の対象を遠ざけることになる。

実際、民主的国民の生涯にはある危険な過渡期がある。

こうした国民の一つにおいて物質的享楽の好みが知識と自由の習慣より急速に大きくなると、人々がすぐにも手にしようと待ち構えている新たな財物を見て、我を忘れて逆上してしまう時が来る。ただひたすらに財をなすことにこだわり、各人の個人財産と万人の繁栄とを結ぶ固い絆が目に入らなくなるのである。このような市民からもっている権利を奪う必要はない。彼らは自ら進んでこれを手放す。彼らには政治的義務の実践が仕事の時間を奪う厄介ごとに思われる。代表の選出であれ、役所の手助けであれ、また共同で当たる自治の仕事であれ、彼らには時間がない。彼らは貴重な時間を無駄な仕事に使おうとはすまい。これらは生活の重大な利害に縛られる真面目な人間には相応しくない暇人の遊びである。こうした人々は利益の説に従っているつもりだが、それについて粗雑な理解しかせず、彼らが自分の仕事と呼ぶものでより成果を挙げようとして、いつまでも自分自身の主人でいるという肝腎の仕事をおろそかにするのである。

働く市民が公事に関わろうとせず、余暇を使ってこれを担当できるような階級がもはや存在しないとなると、政府の占める場所はがら空きのようなものである。

この決定的な瞬間に、有能な野心家が権力を奪うならば、彼はあらゆる簒奪《さんだつ》の道が開かれていることに気づくだろう。

彼がしばらくの間あらゆる物質的利益の拡大を図れば、国民は容易に他のことはどうでもよいとみなすだろう。よき秩序を保障することは必要である。物質的享楽に情熱を燃やす人々は通常、自由のもたらす動揺がどれほど安楽を乱すかを見て、自由がどのようにしてこれをもたらすか、なかなか気づかない。そして公共の情熱が私生活に浸透してささやかな享楽をおびやかしそうだと少しでも聞くと、彼らは目を覚まし、不安に駆られる。彼らは無政府状態の恐怖から長期にわたって不断の判断停止状態にあり、無秩序の最初の兆候を見ただけでいつでも自由の外に身を投げる用意ができている。

私は公共の平和が一つの大きな便益であることを認めるのにやぶさかでない。だが、にもかかわらず、あらゆる人民はよき秩序の道を通って暴政に至ったことを忘れたくない。もちろん、だからといって諸国の人民は公共の平和を軽んじるべきだということにはならない。だがそれだけに満足してはならない。政府に秩序の維持しか求めない国民はすでに心の奥で奴隷である。そうした国民は安楽の奴隷であり、これを鎖につなぐ人間はいつでも現われる。

派閥の専制も一人の人間のそれに劣らず恐れるべきである。大多数の市民が私事にしか関わろうとしないときには、最小の党派でも公事の支配者になれないと絶望する必要がない。

この時、わが国の芝居小屋の舞台と同じように、世間の広い舞台の上で少数の人間が群衆を代表してその役を演ずることは稀でない。この少数者だけがそこに不在の大衆、あるいは、そこにいても関心のない人々の名において語る。すべてが静まりかえる中で彼らだけが動く。彼らは勝手にすべてを動かし、法律を改め、思うままに習俗を圧迫する。こうして、一国の人民全体が不出来で無価値な少数の人々の手に操られる光景に驚かされる。

今までのところ、幸いにもアメリカ人はここに私が示した暗礁をすべて回避してきた。

まさにその点で、彼らは真に賞賛に値する。

おそらくアメリカほど怠惰な人間が少ない国、そしてすべての働く人間がこれほど熱を込めて安楽を求める国は絶対にない。だが物質的享楽を求めるアメリカ人の情熱は激しいとしても、少なくともそれは決して盲目ではなく、理性にこれを抑制する力はなくとも、これを導いている。

アメリカ人は世界に自分一人しかいないかのように私的利益に専心し、次の瞬間、すっかりこれを忘れたかのように、公共の問題に没頭する。あるときは比類なく利己的な欲望に突き動かされ、あるときはまたこの上なく強烈な愛国心に駆り立てられる。人の心はこのように二つに分かれるものだろうか。合衆国の住民がかくも強く、かくも同じような情熱を安楽と自由に対してかわるがわる示す以上、二つの情熱は彼らの心のどこかで結びつき、一体となっていると思うべきではないか。実際、アメリカ人は自由に彼らの安楽の最良の手段、最大の保証を見出す。彼らはこの二つをともに愛する。彼らはだから公共のことがらへの関与は自分の仕事でないとは決して考えない。それどころか、望みの財物の獲得を許し、獲得したものを静かに味わうことを禁じない政府を自らの手で確保することこそ主要な仕事だと思う。

# 第一五章　宗教的信仰はどのようにしてアメリカ人の魂を時々精神的な悦びに向かわせるか

合衆国では、週の七日目に至ると、国民全体の商工業の活動が停止されたようになり、あらゆる喧騒がやむ。深い安息、あるいはむしろ一種の厳粛な瞑想が始まる。魂がようやく自分を取り戻し、自己を内省する。

この日は一日中、商店街に人気がなく、市民は誰でも子供たちを連れて教会に行く。そこで聴く説教は風変わりで耳に馴染んでいるとは思えないものである。傲慢と貪欲が引き起こす数え切れない害について耳を傾け、欲望は抑制しなければならず、高潔な悦びはただ徳にのみ結びつき、真の幸福は徳とともにある、こういう話を聞く。

家に帰っても取引帳簿を見に走りはせず、聖書をひもとく。造物主の偉大と善、神の作品の限りなき壮麗、人間に約束された高度の運命、その義務と不死への権利、これらについての崇高で感銘深い描写をそこに見るのである。

このように、アメリカ人にはいわば自分自身から逃れることが時々あり、普段の生活に渦巻く小さな情熱やいつもは生活のすべてである移ろいやすい利益の追求を一時放棄して、すべてが偉大で純粋で永遠である理想の世界に突如飛び込むことがある。

私は本書の別のところでアメリカ人が政治の諸制度を保持している原因を何に帰すべきかを検討したところ、私には宗教がその主要な原因の一つであるように思われた。今の関心は諸個人にあるが、宗教はここにも見出され、私は宗教は国家全体の役に立つのに劣らず、市民一人一人にも有用であることに気づく。

アメリカ人が宗教によってデモクラシーを道徳化する必要を全面的に感じていることは彼らの実践が示している。この点に関して彼らが自分自身について考えていることは、どんな民主的国民にも浸透するはずの真理である。

一国の社会と政治の基本構造は国民をある特定の信仰と好みに導き、その結果そうした信仰と好みはそこにたやすく広がることを私は疑わない。そして、この同じ要因はまた国民を何らの努力なしにある種の意見や傾向から切り離し、彼ら自身ほとんどそのことを意識しない。

立法者のウデのすべては人間社会のこの自然の傾向を予《あらかじ》め見定め、どの点で市民の努力を援けるべきで、どの点ではむしろこれを抑える必要があるか、これを知るところにある。何をしなければならないかは時によって異なるからである。動かないのは人類がつねに向かうべき目標だけであって、そこに導く手段は絶えず変わる。

もし仮に私が貴族的な世紀に、すなわち、ある人々の世襲の富と他の人々の癒し難い貧困が同じように人の目をよりよい暮らしから逸《そ》らさせ、魂を来世の思いで麻痺させているような国民の中に生まれたとすれば、私はこのような国民の欲望をかきたてることはできないものかと望むだろう。人々の新たな欲求を生ぜしめ、これをすぐ簡単に満たす手段を発見することを考え、人間精神の最大の努力を物的な研究に向かわせ、安楽の追求に駆り立てようとするであろう。

若干の人々が富の追求に異常に熱中し、物質的享楽に行き過ぎた愛着を示すことがあったとしても、私は心配しない。こうした特殊な傾向はやがて共通の趨勢《すうせい》の中に消えるであろう。

デモクラシーの立法者のなすべき配慮は別のところにある。

民主的国民に知識と自由を与え、なすがままに任せてみよう。彼らは現世の提供しうるあらゆる財を簡単にそこから引き出すに至るだろう。実用技術をことごとく完成し、生活を毎日より便利で快適に、一層安穏にするだろう。社会状態が彼らを自然にこの方向に押しやる。彼らが立ち止まる恐れはない。

だが人々がこのまっとうで正しい安楽の追求に満足しているうちに、やがて人間のもっとも崇高な能力を使うことを忘れ、周囲のすべてを改善しようとして、ついには自分自身を貶《おとし》めてしまうことを怖れねばならない。危険はまさにそこにあり、他にはない。

それゆえデモクラシーの立法者とそこに住むすべての真摯で教養ある人々は、魂を向上させ、これを天に向かわせるべく倦《う》むことなく努力しなければならない。民主社会の将来に関心を寄せるあらゆる人々は団結し、皆で一致して、この社会の中に無限を好み、偉大を感じ取り、そして精神の悦びを愛する気持ちを広めるために不断の努力を払う必要がある。

もし民主的な国民の意見の中に肉体とともにすべては滅びると信じさせようとするあの有害な理論がいくらかでも存在するならば、これを表明する人間はこの国民の生来の敵であると見なすべきである。

唯物論者の中には私を不快にさせるものがたくさんある。彼らの教義は私には有害と思われ、彼らの傲慢に私は反発を覚える。彼らの体系に人間に役立つものが少しでもあるとすれば、それは人間に自分自身を謙虚に評価させるという点であろう。だが彼らはそうであることを示さない。唯物論者が人間は獣に過ぎないと十分証明したと思うとき、彼らはまるで神であることを証明したかのように得意満面である。

唯物論はあらゆる国民において人間精神の危険な病だが、民主的国民にあっては特にこれを怖れなければならない。というのもそれはこうした国民にもっともありふれた心の悪徳と見事に結びつくからである。

デモクラシーは物質的享楽の好みを助長する。この好みが行き過ぎると、やがて人々はすべては物質に過ぎぬという考えに誘われる。そして、その唯物論が今度は人々を引きずって気が狂ったように物質的享楽を求めさせることになる。これが民主的国民の陥る悪循環である。この危険を察し、自制すべきである。

多くの宗教は人間に魂の不死を教える一般的で単純で実用的な手段に過ぎない。民主的な国民が信仰から引き出す最大の利点はそこにあり、そのことがまた他のあらゆる国民以上にこうした人民に信仰を必要とさせる。

だからなんらかの宗教がデモクラシーに深く根を張ったときには、これを揺るがさないように注意し、貴族的世紀のもっとも貴重な遺産としてこれを保持すべきである。人々から古い宗教的意見を奪って新たな意見に取り替えようとしてはならない。そんなことをすると、一つの信仰から他の信仰に移行する途中に、魂が一時信仰の空白を経験し、物質的享楽への愛着がそこに広がって魂を埋め尽くしてしまう恐れがある。

たしかに、輪廻転生説《りんねてんしょう》が唯物論より合理的だというわけではない。しかしながら、もしデモクラシーが二つのどちらかをどうしても選ばなければならないとすれば、私はためらわず、霊魂の存在を信じないよりは死後の魂は豚の身体に宿ると思った方が市民を少しは自省させる可能性があると判断するであろう。

物質がある間そこに物質を超える不滅の原理が宿るという信仰は、人間が偉大であるために必要不可欠であるから、報いと罰の観念がこれに加わらず、人の内にある神の原理は死後は神に還り、あるいは他の被造物に宿るという信仰にとどまるとしても、なおよき効果を生む。

このような信仰を有する人々は肉体を自分の本性の二次的で劣った部分とみなし、その影響を受けながらも肉体を軽視する。他方で、この人々は、時として精神の力に服することを拒否するとしても、人間の精神的部分に生来の敬意を有し、ひそかな賛嘆の声を上げる。彼らの思考と趣味に一種高尚な趣を与えるにはそれだけで十分であり、彼らは利害抜きに進んで純粋な感情と偉大な思想を求めることになる。

ソクラテスとその学派が来世で人間に何が起こるかについて明確な考えをもっていたかは定かでない。彼らが確信をもっていた唯一の信仰、すなわち霊魂に肉体と共通するものはなんらなく、それは肉体の滅びた後も残るという信仰だけで、プラトン哲学にこれを特徴づけるあの崇高な飛躍を与えるには十分であった。

プラトンを読むと、彼以前の時代にも彼の時代にも、唯物論を喧伝《けんでん》した多くの著者がいたことが分かる。これらの著者の思想は現代まで伝わらず、伝わってもごく不完全にしか知られていない。いつの世紀にもそうであった。文学上の名声の大半は唯心論とつながりがある。人類の本能と好みはこの教義を支持する。それらはしばしば人々の意思に反してこの教義を救い、唱道者の名を後世に残す。それゆえ、いつの時代にも、また政治の状態がどうあれ、物質的享楽の情念とそれにつながる考えだけで一国の人民全体が満足できると信じるべきではない。人間の心は人が思うより広く、地上の財の好みと天上のそれへの愛とを同時に容れることができる。時としてどちらか一方を狂ったように追うことがあるとしても、もう一方を長期にわたって忘れ去ることは決してない。

とりわけデモクラシーの時代には唯心論の見解をひろめることが重要であることは容易に分かるとしても、民主的国民を統治する人々がこれを普及させるのにどうすべきかを言うのは簡単でない。

私は官許の哲学が広まるとも、長続きするとも信じない。国家宗教についていえば、私はいつも、それは一時的に政治権力の利益に役立つことがあったとしても、遅かれ早かれ教会に致命的な害を為すのが常であったと考えてきた。

まして私は、諸国民の宗教に対する評価を高め、宗教が表明する唯心論を称揚するために、法が禁じている政治的影響力を間接的に聖職者に与えるのがよいと考える人々の一人ではない。

　私は、宗教の解釈者が政治に関わるとき信仰がほとんど不可避的に直面する危険を深く憂慮し、同時に、新しいデモクラシーの中にあらゆる代価を払ってキリスト教を維持すべき必要を確信するものでもある。だからこそ、聖職者を彼らの聖域の外に放つより、その中に引き戻す方がよいと思う。

　では公権力にとって、人々を唯心論的見解に引き戻し、これを示唆する宗教に留めておくいかなる手段が残っているだろうか。

　私がこれから述べることは、おそらく政治家の私に対する評価を傷つけることになるだろう。私の信ずるところ、霊魂の不滅の教義を尊重させるために政治家のとりうる唯一の手段は、彼ら自身これを信じているように毎日振舞うことである。そして私の考えでは、為政者は大きな問題について細心の注意を払って宗教道徳に自ら従わない限り、小さな問題において市民にこれを認識させ、愛させ、尊重させることを期待し得ない。

# 第一六章　安楽に対する過剰な愛着はどのようにして安楽を害することになるか

魂の完成と物財の改良との間には人が考えるより多くのつながりがある。人間はこの二つを切り離して、それぞれを代わる代わる別に見ることができるが、両者を完全に切り離すとすれば、結局どちらも見失うことになるであろう。

獣はわれわれと同じ感覚を有し、ほぼ同じような欲望を感ずる。人間と獣に共通でない物質的情欲はなく、どんな情欲もその芽は人間と同じく犬にもある。

では、動物は肉体のもっとも基本的な欲求しか満たさないのに対して、われわれ人間は享楽の対象を限りなく多様化し、不断に増加させる、この違いは何に由来するのだろう。

この点で人間を獣より優位においているのは、われわれは魂を用いて物質的快楽を見出すのに対して、獣は本能によってのみこれに向かうという事実である。人間にあっては、天使が獣性に自足の術を教える。人間が獣には考えられぬほど多様な物財を手にしうるのは、物財を超越し、生命をさえ軽んじることができるからであり、そうした行為は獣には思いもよらぬものである。

魂を高く、大きく、広くするものはすべて、魂がなんら関心をもたない企てに成功する力を魂につける。

逆に、魂を卑しく、あるいは堕落させるものはすべて、大事なこと、つまらぬこと、すべてに対してその力を弱め、どちらに対してもこれをほとんど無力にする恐れがある。したがって、たとえその力と大きさを時には肉欲に仕えさせるだけであったとしても、魂は大きく力強くなければならない。

もし人間が物質的安楽に満足しきるに至ったならば、彼らは少しずつこれを生み出す術を失い、ついには獣と同じように何の分別も何の進歩もなしにただこれを享受するだけになるであろう。

# 第一七章　平等と懐疑の時代には人間の行動の目標を遠くにおくことがどのように重要であるか

信仰の世紀には人生の最終目的は死後におかれる。

この時代の人々はだから当然のことながら、ほとんど意識せずに長期にわたって一つの不動の目標を頭に描き、これに向かって歩みをとめない。そして、心を奪うこの大きく不変の欲求を心ゆくまで満たすために、無数の小さく一時的な欲望を抑圧することを知らぬ間に学ぶのである。この同じ人々が世俗の物事に関わろうとするときにも、この習慣はまた現われる。彼らは現世の行動にも何かというと一般的で明確な目標を設定して、これに向けて全力を集中する。毎日新たな試みに手を出してみるようなことは決してなく、はっきりした計画を定めて、飽きることなくこれを進める。

このことはなぜ宗教的な国民がしばしば恒久的な事業を成し遂げたか、その理由を説明する。彼らは来世のことしか考えないでいるうちに、現世で成功する偉大な秘訣を見つけたのである。

宗教は将来を見すえて行動する一般的な習慣を与える。この点で、宗教は来世における至福に劣らず、現世の幸福に役立つ。これこそ、それが有する最大の政治的側面である。

だが信仰の光が暗くなるにつれて、人間の視野は狭まり、人間行動の目的は毎日すぐにも実現できるように見えてくる。

死後の運命への無関心にひとたび慣れてしまうと、人間は容易に獣とかわらぬ未来に対する完全な無関心に陥るが、この無関心がまた人類のある種の本能にぴたりと適合的なのである。遠い将来に大きな希望をいだく習慣を失うと、人はやがて当然のように矮小極まりない欲求を瞬時に実現したくなり、永遠を生きることに絶望したその瞬間から、一日しか生きられないと決まっているかのような行動に傾く。

不信仰の広がる世紀には、だから、人々が日ごとに変わる欲求に流されるのを常に怖れるべきである。長期の努力なしに達成し得ないものの獲得をまったく諦めて、偉大で安定し持続するものは何一つ築けなくなることをいつも憂慮しなければならない。

このような傾向にある国民のもとで、社会状態が民主的になると、私の指摘する危険はさらに増大する。

誰もが絶えず居所を変えようとし、万人が巨大な競争に巻き込まれ、富がデモクラシーの喧騒の中で瞬時に蓄積されては消失していく、このようなときには、幸運は突然簡単に舞い込み、一財産つくるのも容易だがこれを失うのも早いという考え、つまり偶然のイメージがあらゆる形で人間精神に現われる。社会状態の不安定性が欲求の本来の不安定性を増幅する。境遇がこのように永遠に浮き沈みを繰り返すうちに、現在が拡大する。将来は現在に隠されて姿が見えず、人は明日のことしか考えようとしない。

不幸な状況の競合によって、宗教不信とデモクラシーが出会っている国においては、哲学者と為政者は人間の行動の目標を目に見えない遠くにおくことを不断に心がけるべきである。それこそ彼らのなすべき大事業である。

道徳批評家《モラリスト》は時代と自国の精神の中にありつつ、自己を守ることを学ばねばならない。絶えざる運動に囲まれた中にあっても、長期の企ての立案、実行は思うより簡単であることを同時代の人々に対して示す努力を毎日払うべきである。人類の表面は変わるが、人間に地上の繁栄を手に入れることを可能にする手段はいつも変わらず、民主的国民にあっても、他と同様に、日々に覚える無数の個別で小さな情欲に逆らうことなしに、身を焦がす幸福への一般的情熱を満足させることはついにできない、これらを示すことが必要である。

為政者の課題もこれに劣らずはっきりしている。

いつの時代にも、国の指導者は将来を見すえて行動することが重要である。だが、このことは他のいかなる時代にもまして民主的で不信仰な時代にはなお一層必要である。このように行動することによって、デモクラシーの指導者は単に公共の事業を盛んにするだけでなく、手本を示すことで、私人に対して私的事業の進め方を教える。

とりわけ為政者は、政治の世界から可能な限り偶然を排するように努めねばならない。一人の廷臣が突然分不相応な出世をしても、貴族制の国では一時の印象しか生まない。制度と信仰の全体が常々、人々に脱することのできない道をゆっくり歩むことを強いているからである。

だがこのような実例を民主的国民の目にさらすことより有害なことはない。そうした事例はこの国民の心をそれでなくても引きずられている方向に駆り立てることになる。それゆえ、なによりも懐疑と平等の世紀にこそ、学識と貢献の評価に代わって、国民あるいは君主の寵愛《ちょうあい》の有無が人の地位を左右することのないよう、細心の注意を払うべきである。望むべくは、どんな昇進も努力の成果であって簡単に偉くなれるはずがないように見えることであり、長期にわたって目標を見定めた後でなければ、野心が目的を達することはできないようにすることである。

もはや宗教も社会状態も人に吹き込まないこの将来への好みを諸政府は人々に再び与えるべく努力しなければならない。そして、富も名声も権力もすべて労働の代償であることを、言葉ではなく、日々の実践によって市民に教えなければならない。大きな成功は長期にわたってこれを求めた果てにあり、苦労して得られるものでなければ、人は何一つ永続的なものは獲得できない、これらのことを教えねばならない。

人々が現世における自分に何が起こるか、非常に遠い将来まで見通すことを習慣とし、そこに希望をいだくのを常としていると、精神をこの世の生の明確な限界のうちにつねにとどめておくことができなくなり、いつでもその限界を超えて、その先に目を向けようという気になる。

私はだから市民に現世における未来を思う習慣をつければ、彼らを少しずつ、知らぬ間に宗教的信仰に近づけることになるのを疑わない。

したがって、ある程度まで宗教なしで済ますことを人に許す手段こそ、おそらく、結局のところ、長い回り道を経て人類を信仰に引き戻すためにわれわれに残された唯一の手段なのである。

## 第一八章　アメリカ人においてまともな職業はすべて名誉あるものと評価されるのはなぜか

民主的国民には世襲の富が存在しないから、誰もが生きるために働くか、かつて働いていたかであり、あるいは働いた人の子として生まれている。労働の観念はだから、人間に必然で、自然かつ当然の条件として、人間精神にいたるところから生じる。

これらの国民にあって、労働は不名誉でないばかりか名誉あるものとされる。労働を蔑む偏見はなく、あるのはそれへの好感である。合衆国では、金持ちは世論の手前、余暇は何かの事業計画や商取引に当てるか、でなければ公共の義務を果たすために使わねばならないと信じている。彼らは人生をただ生きるために使えば、評判を落とすと考えるであろう。アメリカの金持ちがヨーロッパに押し寄せるのはこの労働の義務を免れるためである。そこに閑暇がまだ尊敬される貴族社会の残滓を見出すのである。

平等は労働の観念を名誉回復するだけでなく、儲けになる労働を評価する。

貴族制において、軽蔑されるのは正確には労働自体ではなく、利益を上げるための労働である。野心あるいはただ徳性によって何かの仕事を企てる場合には、労働は栄光に輝く。貴族制の下でも、しかしながら、名誉のために働くものが利得の誘惑に無感覚でないということは絶えず生じる。だがこの二つの欲求は彼の魂の奥底でしか出会わない。彼は両者が一つになる場所を誰にも見せないように注意を払う。どうかすると自分自身にも見えなくなる。貴族制の国では、損得抜きで国家に仕えていると公言しない公務員はいない。給料はわずかで、彼らはしばしばこれを眼中におかず、常にそう装う。

したがって、利得の観念は労働の観念とはっきり区別される。事実において結びつくことはあったが、時の経過は両者を切り離す。

ところが、民主社会ではこの二つの観念は目に見える形で結びついている。安楽の欲求は普遍的で、財産はささやかで持続せず、したがって、誰もが資産を殖やす必要、あるいは子供のために新たな財をなす必要に迫られるから、働く動機は、すべてでないとしても部分的には、利得にあることを誰もが十分明瞭に自覚している。もっぱら栄光を求めて行動する人々でさえ、自分はただそれだけを目指して行動しているのではないという考えにいやでも取りつかれ、何をする場合にも、卓越の欲求の中に生活の欲求が混ざっていることを発見する。

一方で、すべての市民にとって労働が人間の条件の名誉ある必然に思われ、他方で、労働がすべて、あるいは部分的には給料を意識して為されることが常に明らかとなる。

その瞬間から、かつて貴族社会においてさまざまな職業の間を隔てていた広大な空間は消え去る。職業がすべて同じではないとしても、すべてがある似通った特徴をもつ。金のために働くのでない職業は存在しない。給料はすべての職業に支払われ、すべての仕事を一種の同族のように見せる。

このことはアメリカ人がさまざまに異なる職業についていだく考えの説明になる。アメリカの使用人は自分が働いているからといって落ちぶれたとは思わない、周囲の誰もが働いているからである。給与を受け取るからといって惨めだとは感じない。合衆国大統領もまた給与のために働いているからである。人に仕えるものと同じように人の上に立つものも報酬を得ているのである。

合衆国において、職業には辛いものも楽なものもあり、儲かるものもそうでないものもある。だが決して上下の違いはない。まっとうな職業はすべて名誉あるものである。

# 第一九章　ほとんどすべてのアメリカ人を産業の職に向かわせるもの

すべての有用な技術の中で、農業は民主国において完成にいちばん時間のかかるものではなかろうかと思う。しばしばそれは静止しているようにさえ見える。他の多くの技術は走っているように見えるからである。

逆に、平等から生ずるほとんどすべての好みと習慣は人々を自然に商業と工業の方へ導く。

活動的にして開明的、自由で生活の余裕もあって、欲求も盛んな一人の男を想定してみよう。彼は一生を無為に過ごせるほど豊かではなく、生きる糧にすぐにも不足しないかを心配するほど貧しくもなく、自分の境遇の改善を考える。この男は物質的享楽の好みを有し、彼の目に他のことは映らなくなる。彼自身この好みに身を任せ、これをさらに満足させる手段を懸命に増やそうとする。だが人生は流れ、時は過ぎていく。彼は何をするだろうか。

土地の耕作は彼の努力にほとんど確実な成果を約束するが、ただ時間がかかる。農業では少しずつしか、そして苦労を重ねないと豊かにならない。農業はすでに大きな余剰財産をもつ金持ちか、生きることだけが望みの貧乏人にしか向かない。彼は選択する。畑を売って、家を離れ、不安定だが儲かる何かの職業に就こうとするだろう。

ところで、民主社会にはこの種の人々がたくさんいる。そして、境遇の平等が大きくなるにつれて、群れは数を増す。

デモクラシーはだから働く人の数を増すだけではない。人々を他の労働を措いてある一つの労働へ向かわせる。農業を嫌わせて、人々を商業や工業に導くのである[1]。

このような精神は最も富裕な市民たちにさえ見出される。

民主的な国では、どんなに富裕と思われている人も、ほとんど常に自分の財産に満足していない。というのも、自分は父親より豊かでないと思い、息子たちは自分より豊かでなくなるかもしれないと恐れるからである。デモクラシーの下にある金持ちの大半はだから富を増やす手段を不断に夢に見、目を自然に商工業に向ける。それが富を手にするもっとも迅速で有力な手段と見えるからである。この点で彼らは貧乏人のぎりぎりの欲求はもたないが、貧乏人と同じ本能を分かちもっている。あるいはむしろ、あらゆる欲求の中でもっとも圧倒的な本能、今より落ちぶれたくないという欲求に動かされている。

貴族制にあっては、富者は同時に統治者である。公共の大問題に絶えず注意を向けているから、商業や工業が要求する細かい配慮には目がいかない。にもかかわらず、彼らのうちのあるものの意志がたまたま商売に向かったとしても、団体の意志がたちまちその道を塞ぐ。なぜなら数の力に一人抵抗しても無駄で、決してそのくびきから逃れることはなく、国民全体の多数者の権利を最も頑固に否定する貴族の団体の中にさえ、それに固有の多数者が形成されて、これが統治するからである。（補説A参照）

民主的な国々では、お金はこれをもつ人を権力の座に導かず、しばしばそこから遠ざけるから、金持ちは余暇をどう使えばいいか分からない。彼らの欲望は執拗で大きく、資産は莫大で、どんな形であれ衆に抜きんでる人々がほとんど常に感ずる異常なものへの好みもあり、これらが彼らを行動へ駆り立てる。唯一彼らに開かれているのは商業の道である。デモクラシーにあっては、商業より偉大で輝かしいものはない。公衆の目をひきつけ群衆の想像力を満たすのは商業である。あらゆる活動的情熱はそこへ向かう。金持ちがこれに従事するのを妨げるものは何もあるまい。彼ら自身の偏見も他の何人《なんぴと》の偏見も妨げにならない。デモクラシーの国の金持ちは固有の習俗と規律をもつ身分団体を決して形成しない。階級に固有の思想に拘束されるのではなく、国全体に広がる思想に動かされる。それに、民主的な国民の中に見られる莫大な財産の起源はほとんど常に商業にあるから、その所有者が商売の習慣を失うまでには何世代も代替わりしなければならない。

政治は彼らに狭い場所しか残さないので、デモクラシーの下の金持ちはいたるところで商業の道に飛び込む。そこでこそ、彼らはのびのびと活動し、生来の長所を活用することができる。もし貴族制の中に生まれたとすれば、彼らはどれほど産業を重んじたであろうか。それがいかに多寡《たか》が知れたものであるかは、デモクラシーの下で金持ちたちが示す産業活動のこの大胆さそれ自体、またその規模の大きさに照らして判断すべきである。

同じことは貧富を問わずデモクラシーに生きるすべての人々についてより適切に指摘できる。

デモクラシーの不断の動揺の中に生きる人々は絶えず目の前に偶然のイメージを見せられ、ついには偶然が役割を果たす試みを何でも愛するようになる。

彼らが皆商業に引かれるのは、だから、それが利得を約束するからだけでなく、それが与える感情の高ぶりを愛するからでもある。

アメリカ合衆国がイギリスの下におかれた植民地の従属から抜け出てまだ半世紀しか経っていない。この国に大きな財産はごく少なく、資本はいまなお稀少である。それにもかかわらず、アメリカ人ほど商工業に急速な進歩を遂げた国民はこの地上にない。今日それは世界第二の海洋国民であり、彼らの製造業は、ほとんど克服し難い自然の障害と闘いながら、毎日新たな飛躍を遂げないことがない。

合衆国では、最大規模の産業開発が苦もなく実行される。というのも全人口が産業に関わり、もっとも貧しい市民ももっとも豊かな市民も進んでこれに力を合わせるからである。その中に金持ちといえるほどの者がほとんどいない国民が苦もなく巨大工事を実施するさまは毎日の驚きである。アメリカ人はつい昨日今住む場所に着いたばかりである。その彼らがすでに自然の秩序をすっかりつくり変えて利用している。彼らはハドソン河とミシシッピをつなげ、大西洋からメキシコ湾まで、二つの海を隔てる五〇〇里以上の陸地を通る水路を開いた。今日までにつくられた最長の鉄道はアメリカにある。

だが合衆国で私がもっとも驚くのは、いくつかの並外れて大規模な産業開発ではなく、数え切れないほどある小規模な事業である。

合衆国のほとんどすべての農業者は、農業に商業をいくらか結びつけている。彼らの多くは農業を商売にしたのである。

アメリカの耕作者が住んでいる土地に一生とどまることは稀である。主に西部の新しい地域では、人は土地を収穫のためでなく、再度売るために耕す。人口が増加していずれ地域の状況が変わり、いい値がつくだろうという予想の下に、土地を囲うのである。

毎年一群の北部人が南部に下り、綿花やサトウキビの育つ地方に定住しに行く。これらの人々は数年にして一財産つくるつもりで土地を耕作し、すでにして、そうして得た富を手に故郷に帰る時を思い描いている。アメリカ人はだから農業の中に取引の精神を持ち込み、産業への彼らの情熱は他に劣らずそこにもはっきり現われている。

アメリカ人は産業を大きく進歩させるが、それは彼らの誰もが産業に従事するからである。そして、まさにこの同じ原因のために、彼らはまったく思いがけず、かつ非常に恐るべき産業の危機にさらされる。

彼らはすべて商業を行っているから、彼らにあって商業は数多くまた複雑極まりないさまざまな影響を受け、そこからどんな困難が生じうるか事前に予想するのは不可能である。誰もが多少の違いはあれ産業に従事しているから、事業がほんのわずかな衝撃を受けただけで、個人の財産も一緒によろけ、国家が動揺する。

私は産業の危機が繰り返されるのは現代の民主国家における一つの疫病だと思う。その危険を小さくすることはできるが、治すことはできない。というのもそれは偶然に起因するものでなく、こうした国民の気質に由来するからである。

# 第二〇章　どのようにして産業から貴族制が生ずる可能性があるか

私はデモクラシーがどのようにして産業の発展を促進し、産業家の数を限りなく増やすかを示した。次に、今度は産業の側が人々を貴族制にひきもどすことがあるとすれば、いかなる経路を通ってそうなるかを見てみよう。

一人一人の労働者が毎日同一の細かい作業だけに従事するとき、製品の生産が全体としてより簡単でより早く、またより経済的に達成されることはすでに知られている。同様にまた、産業は大資本で、大きな融資を得て大規模に開発すればするほど、製品価格は安価になることもすでに知られている。

これらの真理はずっと前から言われていたが、今日でははっきり証明されている。すでにいくつかの重要産業に応用されており、零細な産業まで次々にこれに飛びついている。

私は、産業知識におけるこの二つの新たな公理以上に、立法者が心におくべきものは政治の世界にないと思う。

職人が休みなくただひたすら一つのものの製造にうちこむと、最後には異様なほど巧みにこの作業をこなすに至る。だが、同時に、彼は頭を使って作業の段取りをつける一般的能力を失ってしまう。日ごとに彼の腕は上がるが、創意工夫には欠けてくる。彼の中で労働者が完成するにつれて、人間は堕落するといえよう。

人生の二十年をピンの頭の製造に費やした人間から一体何を期待すべきか。人間の強い知性はかつてしばしば世を震撼させたものだが、今後、このような労働者がピンの頭の最善の製作法の探求以外の何かのために頭を使うことがあり得るだろうか。

〔「ピンの頭」の例はアダム・スミス『国富論』冒頭の分業論に出てくるものである。岩波文庫版『国富論』(一)二四ページ以下。〕

労働者がその存在の相当部分をこのようにすり減らしてしまうとき、彼の思考は辛い仕事の日々の対象のそばから決して離れず、肉体はいくつかの決まった習慣を身につけ、そこから逃れることは許されない。一言にして言えば、彼はもはや自分自身のものでなく、彼が選んだ職業のものである。法と習俗がこの男の周囲にあるすべての垣根を壊してやり、致富に向かう無数の異なる道をいたるところで彼に開いてやっても無駄である。習俗や法より強力な産業の論理が彼を一つの職、しばしば一つの場所に縛りつけ、そこから逃れることは彼にできない。その論理が社会の中で脱することのできないある特定の場所を彼に指定する。そのため、彼は万物が運動する中で動くことがない。

労働の分業の原理がより具体的に応用されるにつれて、労働者は力を失って視野を狭め、より従属的になる。技術は進歩し、職人は退歩する。他方、工業生産物は製造過程が大規模で資本が大きければ大きいほど完璧でまた安価であることがますますもって明らかになるにつれて、富と知識を格段に有する人々が、これまで知識や工夫のない職人に任せていた製造業種の経営に名乗りを上げる。必要な仕事が壮大で、得られる成果は莫大であることが彼らをひきつける。

それゆえ、産業の知識は不断に労働者階級の地位を低下させると同時に、雇い主の階級を上昇させる。

労働者がますますその知力をただひとつの細部の検討に傾けるのに対して、雇い主は日ごとにより大きく全体に目を配り、その精神は労働者の精神が狭まるに反比例して拡大する。やがて、後者に知性は要らず、物理的力さえあればよいということになるであろう。前者は成功のために知識とほとんど天才を必要としよう。一方はますます巨大帝国の管理者に、他方は獣に似てくる。

雇い主と労働者の間には、だから、いかなる類似性もなく、相違は日ごとに広がりつつある。両者は長い鎖の両端のように繋がっているだけである。どちらも自分のために つくられた位置を占め、そこから出ることがない。一方は他方に永続的に、固く、必然的に従属し、人に従うために生まれたように見え、もう一方は命令するために生まれたかのごとくである。

これが貴族制でなくてなんであろうか。

境遇が国民全体の中でますます平等になるにつれて、工業製品の需要がそこに広がり、増大し、そうした製品を財産の少ない人々の手に行き渡らせる低価格の実現は成功の一層大きな要素となる。

そこで、毎日のように、豊かで見識ある人々ほどその富と知識を産業に動員し、大工場を開き、労働の分業を厳密に実行して、至るところに生まれる新たな欲求を満たそうと試みることになる。

したがって、国民全体がデモクラシーに向かうにつれて、産業に従事する特別の階級はより貴族的になる。人々は一方でますます類似したものになり、他方では違いがより大きくなり、不平等は社会全体を大きく見れば減少するが、それに比例して小さな社会では増大する。

つまり、根源に遡ってみると、デモクラシーのまさに中心に本来ある一つの動きから貴族制が生じることが分かる。

だがこの貴族制は以前のそれと似ても似つかぬものである。

まず、産業あるいは産業上のいくつかの職種にのみ専念する点で、それは社会状態全体の中での一つの例外、一個の奇形であるといえよう。

いくつかの産業が今日の大規模なデモクラシーの中に形成しつつある貴族制の内部には、古い時代の貴族社会全体と同じように、少数の格段に富裕な人々と大多数の極貧の人々とがいる。

この貧しい人々は自分の境遇を脱して金持ちになる手段をほとんどもたないが、金持ちは絶えず貧しくなり、あるいは彼らは儲けを得ると商売から離れる。したがって、貧困階級を構成する要素はほぼ固定的だが、富裕階級の構成要素はそうでない。本当を言えば、富者はいても、富裕階級は存在しない。なぜなら、これらの金持ちたちは共通の精神も共通の目的ももたず、共通の伝統、共通の期待で結ばれていないからである。だからメンバーはいるが団体は存在しない。

金持ち同士が相互に固く結びついていないだけでなく、貧者と富者の間に真の絆がない。

両者のつながりは恒久的に固定しているわけではない。利害関係が毎日二人を近づけては引き離す。労働者は雇い主一般に依存するが、特定の誰かに従属はしない。両者は工場で出会うが、外では他人であり、ある一点で触れ合っても、他のすべての点では遠く離れたままである。工場主は労働者に労働しか求めず、労働者は工場主に賃金しか求めない。雇い主が労働者を庇護することもなければ、後者が前者を擁護することもなく、両者は習慣によっても義務によっても恒久的な形で繋がっていない。

商売に基礎をおく貴族制がその下にある産業人口の中に確立することはまずほとんどない。その目的はこの人々を統治することではなく、利用することにある。

このように構成された貴族制は使役している人々に対して強い支配力をもち得まい。一時これを掌握することがあっても、すぐに彼らはその手から逃れる。この貴族制は何を望めばよいか分からず、行動する力がない。

過去の世紀の土地貴族制は従者を援助しその貧困を和らげる義務を法に負わされており、でなくとも習俗がこれを義務づけていると感じていた。だが今日の工場貴族制は、使用人を貧乏にして、意欲を奪い、その後、恐慌になると、この人々の扶養を公共の慈善に委ねる。これは先に述べたことから当然に生ずる。労働者と雇用主の間に頻繁な関係はあるが、真の結合は存在しない。

私は、すべてを勘案して、われわれの眼前で成長しつつある工場貴族制は地上にこれまで見られた中でももっとも過酷な貴族制の一つだと思う。だが、それは同時にもっとも限定的で危険の少ないものの一つである。

とはいえ、デモクラシーの友が憂慮をもって不断に目を向けるべきはこの点である。なぜなら、もし仮に恒久的な境遇の不平等と貴族制が新たに世界に忍び込むようなことがあるとすれば、それはこの門を通ってであろうと予測できるからである。

# 補　説

（A）しかしながら、商業を熱心に行い、工業を育てるのに成功した貴族制もある。世界史はその著しい例をいくつか提供している。だが、一般には、貴族制は工業と商業の発展に有利でないと言うべきである。この規則の例外をなすのは金銭の貴族制だけである。

この貴族制にあっては、ほとんどどんな欲求も満足させるには富が必要となる。富への愛着がいわば人間の情熱の幹線道路になる。他のあらゆる道はそこに至り、あるいはこれと交差する。

このとき、金銭欲と社会的敬意や権力への渇望とが同じ人間の心の中で渾然一体となるから、野心のために強欲になるのか、強欲だから野心的になるのか、見分けるのが難しくなる。これがイギリスで起こっていることであり、ここでは人は栄誉を得るために金持ちになろうとし、富の徴《しるし》として栄誉を欲する。人間精神はこのとき至るところで引き止められては、富裕に至る最短の道である商工業へ引かれていく。

しかも、これは私には例外的一時的な事実のように思われる。富が貴族制の唯一の徴となったとき、金持ちだけが権力の座を保持し、他のすべての人を排除するのは難しい。生まれによる貴族制と純粋なデモクラシーとは諸国民の社会と政治の状態の両極である。その中間に金銭の貴族制が存在する。これは少数の市民に大きな特権を付与する点で、生まれによる貴族制に近づき、その特権が次第に万人の獲得しうるものとなる点でデモクラシーに似る。それはしばしばこの二つのものの間の移行形態を形成し、それが貴族的諸制度の支配を終わらせるものか、それともデモクラシーの新たな支配を告げるものか、言うのは難しそうである。

# 原　注

## 第一部

### 第五章

(1) どんな宗教にも、信仰の本体それ自体に根ざし、変更しないように注意すべき儀式がある。これは特にカトリシズムにおいて顕著であり、この信仰にあってはしばしば形式と内容が固く結びついて一つになっている。

### 第一三章

(1) このことは、とりわけ、長期にわたり国王に逆らうことなく服してきた貴族制の国民について完全に適合する。

自由が支配する貴族制においては上層階級は下層階級に奉仕することを絶えず義務づけられる。そして、下層階級の役に立つことによって、これに接近する。このことはしばしば彼らの中に民主的精神を何ほどか浸透させる。さらに、統治の任に当たる特権階級の中には、活力と敢為の習慣、運動と騒動を好む気持ちが育ち、それらはあらゆる文学作品に必ずや影響を及ぼすであろう。

第二部

**第六章**

（1）　私は民主的国民と言っている。貴族的国民にあっては、行政が極度に分権的で新聞の必要が意識されないということがあり得る。その場合、地方諸権力はごく少数の人々の手中にあるが、彼らはばらばらに行動するか、あるいは知り合いで、簡単に会って話ができるからである。

**第七章**

（1）　このことは執行権がその恣意に従って結社の許可と禁止を決める任にあるとき、とりわけ正しい。

法律が特定の結社を禁止するにとどめ、違反者の処罰を裁判所に委ねるときには、弊害はより小さい。このとき各市民は予めほぼ予測をつけることができる。裁判官が判断する前に市民がいわば自己判断し、禁止される結社を避け、許可された結社に加わる。このようにして、自由な国民はすべて結社の権利が制限されうることをいつでも理解する。だが、立法者が危険な結社と有用な結社との事前の弁別を一人の人間に課し、どんな結社についてもこれを萌芽のうちに破壊するか、それとも誕生させるか、その判断の自由を彼に許すとすれば、いかなる場合に結社をつくることができ、他のどんな場合にはこれを控えねばならないか、もはや誰にも予測がつかないから、結社の精神は完全に停滞に陥る。この二つの法の前者は特定の結社を攻撃するだけだが、第二のものは社会それ自体に向かい、これを傷つける。私は正常な政府が前者に訴えるのは理解するが、第二の法をとる権利はいかなる政府にも認めない。

## 第一九章

(1) 産業家と商人は物質的享楽の好みに過度にとらわれていることはこれまで何度も指摘があり、その点で商工業が非難された。だが、これは結果を原因と取り違えたものだと思う。商業や工業が人間に物質的享楽の好みを吹き込むのではなく、むしろこの好みが人々を工業や商業の道に向かわせ、人々はそこでこの好みをより完全に、より迅速に満たそうと思うのである。

もし商業や工業が安楽への欲求を増大させるとしても、それはどんな情熱も執着すればするほど一層強くなり、これを満足させるべく努力を払うたびに常にそれはまた大きくなるということからくるものである。人間の心の中で現世の幸福への愛着を優越させるあらゆる要因は工業と商業を発展させる。平等はその要因の一つである。それは、直接人々に取引の好みを植えつけるのではなく、安楽への愛着を魂の中で強化し、拡大することによって、間接的に商業を促進する。

アメリカのデモクラシー　第二巻(上)〔全4冊〕
トクヴィル著

2008年3月14日　第1刷発行
2024年11月5日　第12刷発行

訳　者　松本礼二《まつもとれいじ》

発行者　坂本政謙

発行所　株式会社　岩波書店
〒101-8002 東京都千代田区一ツ橋2-5-5
案内 03-5210-4000　営業部 03-5210-4111
文庫編集部 03-5210-4051
https://www.iwanami.co.jp/

印刷・三秀舎　カバー・精興社　製本・松岳社

ISBN978-4-00-340094-4　Printed in Japan

# 読書子に寄す

――岩波文庫発刊に際して――

岩波茂雄

真理は万人によって求められることを自ら欲し、芸術は万人によって愛されることを自ら望む。かつては民を愚昧ならしめるために学芸が最も狭き堂宇に閉鎖されたことがあった。今や知識と美とを特権階級の独占より奪い返すことはつねに進取的なる民衆の切実なる要求である。岩波文庫はこの要求に応じそれに励まされて生まれた。それは生命ある不朽の書を少数者の書斎と研究室とより解放して街頭にくまなく立たしめ民衆に伍せしめるであろう。近時大量生産予約出版の流行を見る。その広告宣伝の狂態はしばらくおくも、後代にのこすと誇称する全集がその編集に万全の用意をなしたるか。千古の典籍の翻訳企図に敬虔の態度を欠かざりしか。さらに分売を許さず読者を繋縛して数十冊を強うるがごとき、はたしてその揚言する学芸解放のゆえんなりや。吾人は天下の名士の声に和してこれを推挙するに躊躇するものである。このときにあたって、岩波書店は自己の責務のいよいよ重大なるを思い、従来の方針の徹底を期するため、すでに十数年以前より志して来た計画を慎重審議この際断然実行することにした。吾人は範をかのレクラム文庫にとり、古今東西にわたって文芸・哲学・社会科学・自然科学等種類のいかんを問わず、いやしくも万人の必読すべき真に古典的価値ある書をきわめて簡易なる形式において逐次刊行し、あらゆる人間に須要なる生活向上の資料、生活批判の原理を提供せんと欲する。この文庫は予約出版の方法を排したるがゆえに、読者は自己の欲する時に自己の欲する書物を各個に自由に選択することができる。携帯に便にして価格の低きを最主とするがゆえに、外観を顧みざるも内容に至っては厳選最も力を尽くし、従来の岩波出版物の特色をますます発揮せしめようとする。この計画たるや世間の一時の投機的なるものと異なり、永遠の事業として吾人は微力を傾倒し、あらゆる犠牲を忍んで今後永久に継続発展せしめ、もって文庫の使命を遺憾なく果たさしめることを期する。芸術を愛し知識を求むる士の自ら進んでこの挙に参加し、希望と忠言とを寄せられることは吾人の熱望するところである。その性質上経済的には最も困難多きこの事業にあえて当たらんとする吾人の志を諒として、その達成のため世の読書子とのうるわしき共同を期待する。

昭和二年七月

## 《法律・政治》〔白〕

人権宣言集 高木八尺・末延三次・宮沢俊義 編
新版 世界憲法集 第二版 高橋和之 編
君主論 マキアヴェッリ 河島英昭 訳
フィレンツェ史 全二冊 マキァヴェッリ 齊藤寛海 訳
リヴァイアサン 全四冊 ホッブズ 水田洋 訳
ビヒモス ホッブズ 山田園子 訳
法の精神 全三冊 モンテスキュー 野田良之・稲本洋之助・上原行雄・田中治男・三辺博之・横田地弘 訳
完訳 統治二論 ジョン・ロック 加藤節 訳
寛容についての手紙 ジョン・ロック 加藤節・李静和 訳
キリスト教の合理性 ジョン・ロック 加藤節 訳
ルソー 社会契約論 桑原武夫・前川貞次郎 訳
フランス二月革命の日々 ―トクヴィル回想録 トクヴィル 喜安朗 訳
アメリカのデモクラシー 全四冊 トクヴィル 松本礼二 訳
リンカーン演説集 高木八尺・斎藤光 訳
権利のための闘争 イェーリング 村上淳一 訳
近代人の自由と古代人の自由・征服の精神と簒奪 他一篇 コンスタン 堤林剣・堤林恵 訳
民主主義の本質と価値 他一篇 ハンス・ケルゼン 長尾龍一・植田俊太郎 訳
危機の二十年 ―理想と現実 E・H・カー 原彬久 訳
ザ・フェデラリスト A・ハミルトン J・ジェイ J・マディソン 斎藤眞・中野勝郎 訳
アメリカの黒人演説集 ―キング・マルコムX・モリスン他 荒このみ 編訳
モーゲンソー 国際政治 ―権力と平和 全三冊 原彬久 監訳
ポリアーキー ロバート・A・ダール 高畠通敏・前田脩 訳
現代議会主義の精神史的状況 他一篇 カール・シュミット 樋口陽一 訳
政治的なものの概念 カール・シュミット 権左武志 訳
第二次世界大戦外交史 全二冊 芦田均
憲法講話 美濃部達吉
日本国憲法 長谷部恭男 解説
民主体制の崩壊 ―危機・崩壊・再均衡 ファン・リンス 横田正顕 訳
憲法 鵜飼信成

## 《経済・社会》〔白〕

政治算術 ペティ 大内兵衛・松川七郎 訳
国富論 全四冊 アダム・スミス 水田洋 監訳 杉山忠平 訳
道徳感情論 全二冊 アダム・スミス 水田洋 訳
法学講義 アダム・スミス 水田洋 訳
コモン・センス 他三篇 トーマス・ペイン 小松春雄 訳
経済学における諸定義 マルサス 玉野井芳郎 訳
オウエン自叙伝 ロバアト・オウエン 五島茂 訳
戦争論 全三冊 クラウゼヴィッツ 篠田英雄 訳
自由論 J・S・ミル 塩尻公明・木村健康 訳
大学教育について J・S・ミル 竹内一誠 訳
功利主義 J・S・ミル 関口正司 訳
ロンバード街 ―ロンドンの金融市場 バジョット 宇野弘蔵 訳
イギリス国制論 全二冊 バジョット 遠山隆淑 訳
ユダヤ人問題によせて ヘーゲル法哲学批判序説 マルクス 城塚登 訳
経済学・哲学草稿 マルクス 城塚登・田中吉六 訳
新編輯版 ドイツ・イデオロギー マルクス エンゲルス 廣松渉 編訳 小林昌人 補訳
マルクス エンゲルス 共産党宣言 大内兵衛・向坂逸郎 訳
賃労働と資本 マルクス 長谷部文雄 訳
賃銀・価格および利潤 マルクス 長谷部文雄 訳
マルクス 経済学批判 武田隆夫・遠藤湘吉・大内力・加藤俊彦 訳

- マルクス 資本論 全九冊　エンゲルス編 向坂逸郎訳
- 裏切られた革命　トロツキー 藤井一行訳
- 文学と革命 全二冊　トロツキー 桑野隆訳
- ロシア革命史 全五冊　トロツキー 藤井一行訳
- トロツキー わが生涯 全二冊　森田成也 志田昇訳
- 空想より科学へ ―社会主義の発展　エンゲルス 大内兵衛訳
- イギリスにおける労働者階級の状態 ―一九世紀のロンドンとマンチェスター 全二冊　エンゲルス 一条和生 杉山忠平訳
- 帝国主義　レーニン 宇高基輔訳
- 国家と革命　レーニン 宇高基輔訳
- 雇用、利子および貨幣の一般理論 全二冊　ケインズ 間宮陽介訳
- シュムペーター 経済発展の理論 全二冊　塩野谷祐一 中山伊知郎 東畑精一訳
- シュムペーター 経済学史 ―学説ならびに方法の諸段階　中山伊知郎 東畑精一訳
- 日本資本主義分析　山田盛太郎
- 恐慌論　宇野弘蔵
- 経済原論　宇野弘蔵
- 資本主義と市民社会 他十四篇　大塚久雄 齋藤英里編
- 共同体の基礎理論 他六篇　大塚久雄 小野塚知二編

---

- 言論・出版の自由 ―アレオパジティカ 他一篇　ミルトン 原田純訳
- ユートピアだより　ウィリアム・モリス 川端康雄訳
- 有閑階級の理論　ヴェブレン 小原敬士訳
- 社会科学と社会政策にかかわる認識の「客観性」　マックス・ヴェーバー 富永祐治 立野保男訳 折原浩補訳
- プロテスタンティズムの倫理と資本主義の精神　マックス・ヴェーバー 大塚久雄訳
- 職業としての学問　マックス・ヴェーバー 尾高邦雄訳
- 社会学の根本概念　マックス・ヴェーバー 清水幾太郎訳
- 職業としての政治　マックス・ヴェーバー 脇圭平訳
- 古代ユダヤ教 全三冊　マックス・ヴェーバー 内田芳明訳
- 支配について 全二冊　マックス・ヴェーバー 野口雅弘訳
- 宗教と資本主義の興隆 ―歴史的研究 全二冊　トーニー 出口勇蔵・越智武臣訳
- 世論 全二冊　リップマン 掛川トミ子訳
- 贈与論 他二篇　マルセル・モース 森山工訳
- 国民論 他二篇　マルセル・モース 森山工編訳
- ヨーロッパの昔話 その形と本質　マックス・リュティ 小澤俊夫訳
- 独裁と民主政治の社会的起源 ―近代世界形成過程における領主と農民 全二冊　バリントン・ムーア 宮崎隆次 森山茂徳 高橋直樹訳
- 大衆の反逆　オルテガ・イ・ガセット 佐々木孝訳

---

- シャドウ・ワーク　イリイチ 玉野井芳郎 栗原彬訳

## 《自然科学》〔青〕

- ヒポクラテス医学論集　國方栄二編訳
- 科学と仮説　ポアンカレ 河野伊三郎訳
- ロウソクの科学　ファラデー 竹内敬人訳
- 種の起原 全二冊　ダーウィン 八杉龍一訳
- 自然発生説の検討　パストゥール 山口清三郎訳
- 完訳 ファーブル昆虫記 全十冊　山田吉彦 林達夫訳
- 科学談義　T・H・ハックスリ 小泉丹訳
- メンデル 雑種植物の研究　岩槻邦男 須原準平訳
- アインシュタイン 相対性理論　内山龍雄訳・解説
- 相対論の意味　アインシュタイン 矢野健太郎訳
- アインシュタイン 一般相対性理論　小玉英雄編訳・解説
- 自然美と其驚異　ジョン・ラバック 板倉勝忠訳
- ダーウィニズム論集　八杉龍一編訳
- 近世数学史談　高木貞治
- ニールス・ボーア論文集1 因果性と相補性　山本義隆編訳

# 岩波文庫の最新刊

ベティ・フリーダン著／荻野美穂訳
## 女らしさの神話（上）（下）

女性の幸せは結婚と家庭にあるとする「女らしさの神話」を批判し、その解体を唱える。二〇世紀フェミニズムの記念碑的著作、初の全訳。（全二冊）〔白二三四-一、二〕 **定価（上）一五〇七、（下）一三五三円**

太宰治作／安藤宏編
## 富嶽百景・女生徒 他六篇

昭和一二―一五年発表の八篇。表題作他「華燭」「葉桜と魔笛」等、スランプを克服し〈再生〉へ向かうエネルギーを感じさせる。（注＝斎藤理生、解説＝安藤宏）〔緑九〇-九〕 **定価九三五円**

ヘルダー著／嶋田洋一郎訳
## 人類歴史哲学考（五）

第四部第十八巻―第二十巻を収録。中世ヨーロッパを概観。キリスト教の影響やイスラム世界との関係から公共精神の発展を描く。（全五冊）〔青N六〇八-五〕 **定価一二七六円**

今月の重版再開

栗田靖編
## 碧梧桐俳句集

**定価一二七六円** 〔緑一六六-二〕

穂積陳重著
## 法窓夜話

**定価一四三〇円** 〔青一四七-一〕

定価は消費税10％込です　2024.9

# 岩波文庫の最新刊

デリダ著／藤本一勇訳

## アデュー

―エマニュエル・レヴィナスへ―

レヴィナスから受け継いだ「アーデュー」という言葉。デリダの応答は、その遺産を存在論や政治の彼方にある倫理、歓待の哲学へと導く。

〔青N六〇五-二〕　定価一二一〇円

ヘリオドロス作／下田立行訳

## エティオピア物語(上)

ナイル河口の殺戮現場に横たわる、手負いの凜々しい若者と、女神の如き美貌の娘――映画さながらに波瀾万丈、古代ギリシアの恋愛冒険小説巨編。(全二冊)

〔赤一二七-一〕　定価一〇〇一円

永井荷風著／中島国彦・多田蔵人校注

## 断腸亭日乗(二) 大正十五―昭和三年

永井荷風(一八七九―一九五九)の四十一年間の日記。(二)は、大正十五年より昭和三年まで。大正から昭和の時代の変動を見つめる。(注解・解説＝中島国彦)(全九冊)

〔緑四二-一五〕　定価一一八八円

ゲルツェン著／金子幸彦・長縄光男訳

## 過去と思索(四)

一八四八年六月、臨時政府がパリ民衆に加えた大弾圧は、ゲルツェンの思想を新しい境位に導いた。専制支配はここにもある。西欧への幻想は消えた。(全七冊)

〔青N六一〇-五〕　定価一六五〇円

……今月の重版再開……

ディオゲネス・ラエルティオス著／加来彰俊訳

## ギリシア哲学者列伝(上)(中)(下)

〔青六六三-一～三〕　定価各一二七六円

定価は消費税10％込です　　2024. 10